U0042614

【台灣客家研究叢書03】

思索臺灣客家研究

張維安◎著

中央大學出版中心 ｜ 遠流

目錄

《台灣客家研究叢書》
總序

　　客家做為臺灣的第二大族群，長期以來在文化、經濟與政治各方面均有相當程度的貢獻。客家族群的文化與實作對臺灣多元文化的貢獻、民主發展的影響，清楚的鑲嵌在臺灣歷史發展的過程中；近年來在客家文化園區、客家電視電台、學術研究機構、民間社區及各級客家公共行政機構的出現之後，客家族群的能見度出現了級數的增加，這些都是客家文化論述的結果，也是客家文化論述的一環。

　　客家族群文化論述，除了媒體、熱情的鄉親及行政資源的挹注外，亟需客家知識體系作為後盾。離事不能言理，客家行政方針的制定、文化產業的經營、族群認同的建構各方面，都需要以客家研究為基礎。

　　最近十年客家研究漸漸豐富起來，在族群理論、歷史論述、語言文化及公共政策等各層面都累積了相當多的成果；特別是跨學科研究觀點的提出、年輕學者的加入，打開了許多客家研究的新視窗，提出了不少新的見解，增益了客家文化論述的豐富性，也加強了與行政部、文化實作的對話強度。如果要深耕客家、豐富客家，以客家來增益臺灣社會的多元性，客家知識體系的經營是不可或缺的一環。

　　個人很高興有機會協助《台灣客家研究叢書》的出版，叢書的出版是中央大學出版中心的理想，也是臺灣客家研究學界的願望。這個理想與願望的實現，除了要感謝叢書的撰稿人之外，特別要感謝國立中央大學李誠副校長、國立中央大學出版中心張翰璧主任的支持，讓一個縹渺的理想結晶成具體的叢書系列。

　　《台灣客家研究叢書》，歡迎各類學門背景、觀點及方法，針對客家及相關議題所從事的經驗研究、意義詮釋及實踐反思的學術論著。在遵循學術審查規範，一流大學出版社學術水準的要求下，進行

客家知識體系的論述，以期對客家、人類社會文化之深耕做出貢獻。

張維安

國立交通大學客家文化學院院長、人文與社會科學研究中心主任

國立中央大學客家語文暨社會科學學系合聘教授

序言：以客家為方法

　　本書為行政院國家科學委員會專書寫作計畫（97-2420-H-007-008-MY2）之成果報告之一。可視為本人對於近年來臺灣客家研究的觀察與思考的一部分。全書大約可分為三部分：

　　第一部分為客家研究的認知旨趣、研究取徑與研究議題。相關論文包括〈認知旨趣、典範和研究：關於客家研究的若干思考〉、〈以實作知識為對象：臺灣民間客家研究者的研究取徑〉，以及〈客家研究議題：多元文化、凝聚與比較研究〉。三篇論文中〈認知旨趣、典範和研究〉，討論客家學的特徵及其可能性，特別是關於發展置身事內的方法論之重要性；〈以實作知識為對象〉則是分析臺灣民間客家研究者的研究取徑，這是一種始於生活世界的客家關懷與客家知識；第三篇論文〈客家研究議題〉，則強調客家作為多元文化的構成、族群凝聚和比較研究的重要性；第四篇〈臺灣客家人口統計及其重要議題〉，在經驗資料上提供關於臺灣客家人口的描述，以及第一階的客家研究議題之分析，所謂第一階的客家研究議題是指生活世界中一般人的見解，這與將生活世界的問題進行反思與學術化的第二階研究議題不同。

　　第二部分，為客家觀點與多元社會，這部分由三篇文章所組成，分別是〈以客家為方法：客家運動與臺灣社會的思索〉、〈客家運動與臺灣多元文化社會發展〉，以及〈客家研究與臺灣社會的主體性〉（與薛雲峰合著）。主要是分析客家運動對於臺灣多元文化社會發展的貢獻，指陳客家史觀對於通過客家族群認識臺灣的意義，客家作為一種方法，我們可以從客家族群的貢獻來理解臺灣社會，也從臺灣社會的構成來理解客家。

　　第三部分，族群記憶與客家認同，包括〈少數族群與主流文化：

客家文化認同運動與族群記憶之轉移〉與〈族群記憶與臺灣客家意識的形成〉，主要討論客家從「族類」到「族群」的過程，特別是在客家文化認同的架構下，族群記憶的轉變及臺灣當地客家族群意識的形成。兩篇文章指出通過對客家文化的認識，可豐富漢文化的多元性以及臺灣社會的多元族群文化。

本書強調以客家為方法，提供一個思考的角度，通過客家來認識臺灣，通過臺灣來認識客家，主張研究任何族群，例如客家、閩南、原住民、外省或新移民等等，都是一種認識臺灣社會的途徑，[1] 所以方法論上其他族群也可作為一種方法，都是我們重新認識臺灣社會的介面。其次，更進一步來說，重新認識臺灣社會的目的，是為了在這個新認識的臺灣社會中重新認識客家族群。在此意義下，客家研究同時也是一種臺灣研究，而臺灣研究也不能沒有客家研究。在邁向重新理解臺灣社會的歷程裡，客家作為方法具有想像上的開放性，在論述的實踐中，客家、閩南、外省、原住民、新移民都可以成為同義詞。客家研究不僅是在理解客家，更是重新理解客家作為構成要素之一的臺灣社會，希冀超越過去對臺灣社會既有的認識，重新認識客家、重構臺灣社會。

最近十年（2003-2013）來，客家研究在臺灣因為學術機構的設置與研究所的招生，較以往主要由民間學者或相關科系的師生從事客家研究，在數量上每年增加許多，以各個客家研究所每年招收將近二百位碩士班研究生（包括在職專班），加上非客家學術機構的學生的研究成果，十年來的碩士學位論文不計其數，以2011-2012年來看，單就臺灣而言，共有385篇學位論文（中國有132篇），平均兩天就有一本客家研究的學位論文產出，加上每年地方政府、學校、社團所辦的「學術」研討會，從數量上來看客家研究的數量已經達到一個前所未有的高峰。雖然沒有機會閱讀所有的這些學術著作，就所接觸的部分來看，有一些重要的議題雖曾被提出來討論，但就正式出版的論

---

1 雖然客家比其他族群可能更合適。

文或專書來看，似乎還可以做得更好。希望未來有更多值得作為基礎研讀的成果，能作為上課的教材，特別是在客家族群史的詮釋方面，能釐清客家源流、客家族群（和非客家族群）對客家與臺灣歷史社會的看法，在族群關係上面，能釐清客家與其他族群（原住民、新住民、外省、閩南等）的關係；過去這些議題只有一些日常的印象，在制度性的客家學術機構成立之後，期待有更紮實的經驗研究，有更具意義的詮釋瞭解和更清明的認知反思。

這些年來，客家部會的經費增加很多，不過客家學界普遍感受到，客家委員會的活動很多，而基礎的研究卻很少。進一步說，表面的、一時的活動太多，基礎性的、長期的研究太少。客家族群論述，多元社會的理性發展牽涉的範圍很廣，客家學有機會發展成重要的區域研究，也有機會發展成跨族群的多元文化研究，對臺灣理性社會的建構有所貢獻，這些都需要嚴謹的學術研究為基礎，學術界需要更多的努力，特別是在體制內獲得「正當性」的努力，也還有很長的路。

本書的出版要感謝行政院國家科學委員會寫書計畫的支持，國立交通大學人文社會中心的協助，更要感謝各篇論文的受訪者與評論人，還有學界同仁的包涵與指教。特別要感謝中研院民族所徐正光教授、莊英章教授、中央大學客家學院張翰璧教授、交通大學客家文化學院羅烈師教授和潘美玲教授等在寫作過程中的指正，陳英惠、陳明惠與郭貽菱小姐的校讀，不過論文不足之處完全由個人負責。

張維安

於竹北六家

2015.9.12

認知旨趣、典範和研究：
關於客家研究的若干思考

摘　要

　　本文的目的在於討論「客家學」的正當性，通過研究旨趣與研究典範關係的討論，分析「客家學」作為一門新興學科之可能性及其特色。過去，社會學領域習慣將古典社會學三大傳統作為授業之大綱，依實證、詮釋以及批判傳統等檢視各傳統社會學的認知旨趣、研究實體的預設，以及相關的方法與技術。在這個基礎上，客家學的認知旨趣可說是三者兼具。在方法論上，本文嘗試開拓一種「置身事內」的主張，闡述一種熱情的關心、介入的關切。研究者置身其中成為研究討論的對象，甚至生活在研究議題的情境中，具有本身作為被研究對象的切身感受。客家研究，某種程度上也是一種弱勢族群對自身的關切與研究，其研究本身常具有一定程度的拯救或解放的旨趣，過去這樣的研究是強調價值中立的實證社會科學所要迴避的，客家研究可能與若干弱勢族群的研究攜手發展出另一種「置身事內」的研究典範嗎？

關鍵字：客家研究、客家學、認知旨趣、研究典範

一、前言

　　1991 年，我剛剛卸下國立清華大學「兩性與社會研究室」的副召集人職務，在加州大學戴維斯（UC Davis）校區進修，[1] 有機會和一位華裔女性學者在 UC Berkeley 討論所謂性別研究的議題，記得她總是認為男性不會懂得女性研究的意義，不可能設身處地瞭解女性的議題。依我的社會學訓練，我認為「不是凱撒也可以瞭解凱撒」，設身處地的同理心如果不夠，也有韋伯詮釋社會學的方法論作為論證的基礎。這位學者的見解，在我心裡一直沒有得到真正的安置與理解，首先，不是女性身份的研究者要如何研究女性？其次，女性身份的研究者研究女性會不會太主觀？這個問題，一直到 2003 年我從國立清華大學，借調去國立中央大學擔任客家學院院長時，才開始有所體會。因為在這個位置上，我的客家族群身份變得清楚，因為客家學院的設置，客家研究的推動，乃至於客家研究經費的處理，我和「客家研究」開始有解不開的關係。在這個脈絡下，我遇到一些學界的同輩友人，還有一些我所尊敬的學界長者，他們常以不同的方式讓我知道，設置客家學院實在沒有必要，對於當時的民進黨政府設立客家委員會的作法也不表認同，甚至還問我臺灣的閩南人比客家人多，為何不設一個閩南委員會？我瞭解這些學友們與學界長者的發言，都是出於善意以及因為與我熟識，出於真心所表達的肺腑之言。我開始想起多年前那位女性學者關於「男性不會懂得女性研究的意義」的堅持，研究客家的客籍學者與研究女性的女性學者，竟然會在這樣的脈絡中有了會通。

　　本文的目的在於通過敘說研究旨趣與研究典範之間的關係，說明客家研究的基礎，並討論客家研究與弱勢族群研究共同發展出一種研

1　創立「兩性研究室」的是周碧娥教授，我僅是協助處理研究室的雜事，但也是我進入性別研究這個領域的一個學習機會，該研究室後來更名為「性別研究室」。

究典範的可能性。論文主體分為四個部分：（一）當前臺灣客家研究現象介紹，作為討論當前客家研究的背景知識；（二）客家研究與客家學，討論客家研究的意義，以及學界對建構客家學的思考；（三）客家學的構成要素，主張客家學應該兼具實證、詮釋與實踐的認知旨趣與特色；（四）置身事內的研究取徑，討論從研究者研究自身（社群）到思考社會科學研究的新典範之可能性。

二、臺灣客家研究現況

歷史課本常用遠因和近因來解釋一個歷史事件的發生，因為一個事件很不容易確定從何時開始，怎樣具體的發生，歷史現象發生的始末更是難以認定。臺灣的客家研究從何時開始，同樣很難認定。雖然，今日所言客家研究與客家學術機構有密切的關係，但是兩者未必是同一件事，客家研究的開始與客家研究機構的設立可以（也應該要）分開來討論。

以臺灣客家研究作為討論對象時，1988年12月在臺北舉行的「還我母語運動」，常被提出來做為客家相關議題發展的里程碑。例如，以這一年為分水嶺來分析之前和之後的語言政策與族群政策等。雖然許多制度性的建制，並不是可以全然被化約為這個運動的產物，但都會提到「還我母語運動」的影響，例如2001年設立行政院客家委員會（90年6月14日正式成立），[2] 2003年設立國立中央大學客家學院，2003年設立客家電視頻道（委託臺灣電視公司經營，92年7月1日），2003年創立客家廣播聯播網（92年10月1日）。雖然是民進

---

2 各級縣市政府也分別陸續設立相關的委員會。到2011年為止臺灣有以下縣市成立客家事務相關的委員會或組織：臺北市政府、臺中市政府、高雄市政府、宜蘭縣政府、新竹市政府等設立客家事務委員會；新北市政府、桃園縣政府、屏東縣政府、花蓮縣政府設立客家事務處，其他地方政府以不同的名稱處理客家事務，例如新竹縣政府有民政處國際客家事務科，雲林縣政府有自治事業及客家事務科，臺南市政府則有民族事務委員會，主管原住民、西拉雅族及客家族群業務，臺東市政府民政處有客家事務科，嘉義市政府民政處的自治行政科工作內容之一為推動客家事務。

黨執政以後的新政策，而且也都和這個「還我母語運動」有千絲萬縷的關係，事實上所有後來顯性的客家政策與制度性的建置，都可能種因於更早的國家政策中。[3] 客家研究，雖然也和前述還我母語運動有密切的關係，但是並不能全都歸為這個運動的產物，特別是民間知識份子早已啟動的客家研究，與其說他們的研究是客家運動的產物，不如說他們的研究才是帶動這個還我母語運動的助力。在下一章，將進一步討論到的張致遠先生、陳運棟先生、黃卓權先生、黃鼎松先生、黃榮洛先生、楊國鑫先生、楊鏡汀先生以及龔萬灶先生等等，在臺灣中南部還有許多客家民間學者，[4] 他們對客家研究的貢獻分布在各方面，除了出書、寫文章、辦雜誌，參加學術研討會之外，進行田野調查、編輯詞典、拍攝紀錄片、製作與客家相關的電視節目樣樣都有。這些民間的客家研究者，後來也都陸續和客家學院內的知識體系建立具有密切的關係。

雖然在公部門的資源投入之前，許多客家研究已經展開，但是制度性機構設置之後，則帶來客家研究有更系統與更快速的發展。因此，行政院客家委員會與客家學院的設立及其所帶來的影響，更是討論當前客家研究的現象所不能忽略的因素。行政院客家委員會從徐正光博士擔任籌備處主任開始，即相當重視以客家知識體系的建立作為客家論述基礎的位置。為了促進客家知識體系之發展，結合國內各大學校院資源，提升客家學術研究，客家委員會之下特別設立「客家學術發展委員會」（93 年 6 月 16 日成立），規劃、審議及評鑑客家知識體系之獎勵與補助計畫，並持續的、制度化的補助各大學校院設立客家學院或研究中心，鼓勵在現有專長基礎上進行學術研究分工，發

---

3 請參考 2015 年 9 月由客家委員會與國史館臺灣文獻館出版的《客家族群與國家政策：清領至民國九〇年代》。

4 本文所舉案例根據的是筆者與中央大學同仁的調查結果，這幾位民間的客家研究者，全部都來自於桃竹苗地區，實際上，這個地區之內以及臺灣南部客家人口聚集地區，類似的民間學者還相當多，例如 2011 年辭世的鍾鐵民先生，他們的貢獻在客家研究方面具有重要的意義，宜另文分析。請參考本書〈以實作知識為對象：臺灣民間客家研究者的研究取徑〉。

展各校院學術特色，推動建構北、南臺灣客家研究「重點」。[5] 南部的客家研究重點，由國立高雄師範大學、屏東的美和技術學院及國立屏東科技大學整合成立；北部由國立中央大學、國立交通大學及國立聯合大學整合成立北臺灣客家研究重點，以充分運用學術研究資源，為客家學術發展創造永續發展之環境。[6] 至2011年止全臺灣設有三個客家學院，共有九個碩士班研究所，兩個客家研究相關的碩士在職專班，每年約可招收碩士研究生二百位左右，另外在交通大學客家學院還設有兩個學系。此外，100學年開始中央大學客家學院「公共事務與族群研究博士學位學程研究生」開始招生，每年收三名博士生。教師編制員額超過七十位（請參考表一）。除了有正式招收學生的系所單位之外，設有客家研究中心的公私立大專院校超過十四個（請參考表二）。

在前述客家學術機構制度化的過程中，客家委員會每年編有若干經費補助各校的客家學術研究計畫，資料庫的建置，以及相關圖書購藏。更重要的是為了提供社會大眾對客家學術研究資料之使用，客家委員會還委託國家圖書館建置「臺灣客家數位圖書館」，積極爭取授權，將客家書籍、相關文獻等資料予以整合並數位化，提供社會大眾使用，以利研究者查詢、參考，開拓了客家研究的新天地。[7] 除了建置學術機構的努力外，客家委員會所設立的「學術委員會」還有多項具體的措施，例如提供客家相關研究計畫之獎助與補助，獎助客家優良碩博士論文，獎助客家叢書的出版，並進行各種議題的學術性基礎調查。在當前的環境下，一個行政機構，能夠在經費預算與行政資源方面投入這類基礎性知識體系之建立，值得給予掌聲。

客家委員會終究是一個行政單位，許多關於知識體系論述的落

---

5 2015年，劉慶中博士擔任主任委員之時，進一步與三個客家學院簽訂合作計畫。

6 尋覓客蹤，永續家傳（客家篇），http://www.president.gov.tw/1_president/achieve/subject19.html (2006. 10.12)。

7 參考行政院客家委員會，「客家學術發展委員會」相關資料。

表一：2003-2011招收學生的客家學術機構

機構	國立中央大學[8]	國立交通大學	國立聯合大學[9]	國立高雄師範大學	國立屏東科技大學	國立屏東教育大學[10]
學院	客家學院	客家文化學院	客家研究學院	文學院	人文暨社會科學學院	人文社會學院
相關系所	1. 客家社會文化所 2. 客家政治經濟所 3. 客家語文所 4. 客家在職專班 5. 公共事務與族群研究博士學位學程	1. 人文社會學系 2. 傳播科技學系[11] 3. 客家在職專班 4. 族群文化所碩士班	1. 客家語言與傳播所 2. 經濟與社會所 3. 資訊與社會所	1. 客家社會文化所	1. 客家文化產業研究所	1. 客家文化研究所
研究中心	客家研究中心	國際客家研究中心	全球客家研究中心	客家文化與語言教學資源服務中心	客家產業研究中心	
設立時間	2003	2004	2006	2004	2006	2006
員額編制	15＋	31＋	20＋	4＋	4＋	2＋
招收學生數（年）	碩士45名、客家碩士在職專班30名，博士生3名	客家碩士在職專班22名、族文所招收碩士班研究生8名，另有兩班大學生	碩士45名	碩士15名	碩士15名	碩士15名

---

8 中央大學客家學院雖然設有「政府與法律研究所」，「應」屬掛單性質，不列入客家系所之計算。2013年8月結合「客家社會文化碩士班」（2003年成立）、「客家語文碩士班」（2004年成立）、「客家政治經濟碩士班」（2004年成立）、「客家研究碩士在職專班」（2006年成立）、「客家研究博士班」（2011年成立）成立客家語文暨社會科學系。從學士班、碩士班到博士班，一貫延伸都以「客家」為核心，從基礎的客家語言文化和社會科學能力的訓練，到培養具備客家研究的專業能力，完整建立高等教育機構客家人才培育的一貫體系。

9 另有一個族群關係研究所申復後仍未被核定，聯合大學每年招收45名客家相關的碩士班研究生。其他由客家相關的研究系所還有屏東教育大學文化創意產業所碩士班的客家文化組（針對屏東縣客家與原住民族群的文化產業開發與行銷培育人才），各校的臺灣文學以及臺灣史研究所等。聯合大學客家研究學院，最初以「全球客家研究中心」名義運作，由教育部編列20位研究人員。客家研究學院成立之後，陸續轉聘到學院內的三個研究所，資訊與社會研究所、社會與經濟研究所，以及客家語言與傳播研究所。經過若干年的經驗之後，前兩個研究所逐漸朝向設立大學部的方向發展，分別設立文化創意與數位行銷學系與文化觀光產業學系，而客家語言與傳播研究所則仍然維持。

10 99學年度「客家文化研究所」和「臺灣文化產業經營學系」整合更名為文化創意產業學系。

11 2015年原來寄行於人文社會學院傳播所的碩士班，加入傳播科技學系。

表二：2003-2011設有客家研究中心的學術機構[12]

No.	設立時間	學校名稱	研究中心名稱
1	1999.12	國立中央大學	客家研究中心
2	2000.08	明新科技大學	客家文化研究中心
3	2003.05	美和技術學院	客家社區研究中心
4	2003.12	國立交通大學	國際客家研究中心
5	2003.12	國立成功大學	客家研究中心
6	2003.12	國立聯合大學	全球客家研究中心
7	2004.12	國立屏東科技大學	客家產業研究中心
8	2004.12	開南管理學院	客家研究中心
9	2005.01	輔英科技大學	客家健康研究中心
10	2005.03	玄奘大學	客家研究中心
11	2006.03	大仁科技大學	客家文化研究中心
12	2006.03	育達技術學院	客家研究中心
13	2006.10	國立臺灣大學	客家研究中心[13]
14	2007.12	國立臺灣師範大學	全球客家文化研究中心

實，仍需仰賴學界對「客家學」的建構與努力。根據過去幾年的觀察，臺灣從事客家研究的人口仍然十分有限，實際上客家研究的專家都是從其他的學術專業跨行而來，例如歷史學者、社會學者、人類學者、政治學者、語言學家、文學研究者，甚至音樂家或建築學者對客家研究議題的介入。在短短的時間內成立學會（臺灣客家研究學會），編寫教科書（臺灣客家研究導論），創立學術性期刊（客家研究期刊），[14] 進行客家研究相關的課程規劃，並積極規劃出版客家研

---

12 其中國立中央大學，國立交通大學及國立聯合大學之研究中心均配有員額編制，已計入表一的員額編制。在中國大陸也有許多客家研究機構，例如華東師範大學的客家研究中心，福建社科院的客家研究中心，北京大學的客家歷史研究所，嘉應大學的客家研究所（近年另設立客家研究院），華南理工大學客家文化研究所以及深圳大學的客家研究所。另外，根據邱榮舉教授的說法，客家雜誌社（前身是客家風雲雜誌）也設有「客家研究中心」。

13 2015年更名為客家與多元文化研究中心。

14 後來陸續增加了《客家公共事務學報》（國立中央大學客家學院）與《全球客家研究》（國立交通大學客家文化學院）。

究系列叢書，可見其朝氣與發展，關於客家研究本身的思考也漸漸增多，常識性所認識的客家，經由學術的研究與資料的查對，逐漸浮現新的看法，例如客家中原起源論的重新思考與新的學說。

三、客家研究與客家學

國內三個客家學院的中文名稱並不相同，但在英文方面則共用「客家研究」（Hakka Studies）的概念，而稱為 the College of Hakka Studies。但是「客家研究」究竟研究些什麼？對一般人而言，甚至於對學院裡的學者，似乎也是一個需要在對話中逐漸定義的名詞。以國立中央大學客家學院為例，頭兩年招生的三個研究所（客家社會文化、客家政治經濟與客家語言文學三所）來看，基本上客家研究所表現的特色是一個科際整合的領域，是一個以關心社會發展，研究多元文化，關心客家族群以及其他族群之特質與公平性的社會科學院，從客家研究所研究生畢業時，授予「社會科學碩士」的思考可以得知。研究生除了客家專題之學習外，還要求接受跨學科的理論課程與研究方法的訓練，例如文化理論、社會理論、歷史理論等，以期獲得更細緻的思辨能力。客家學院的研究生也需要接受質化與量化研究方法的實作訓練（張維安，2003）。上述特色，可以從國立中央大學客家學院的招生海報中看到它的精神，一方面客家研究是奠定在社會文化、政治經濟、語言文學等研究所，而社會學、人類學、政治經濟學、歷史學、語言學，及其他相關社會科學則是這個研究領域的基本知識來源（參見圖一）。

與「客家研究」密切相關的是「客家學」。就目前所知，「客家學」一詞的使用已經有一段時間，[15] 舉辦了十多屆的「國際客家學研

---

15 "Hakkaology was first adopted in 1930 by Mr. Zhong Yi Fan on a book by Mr. Lo Hsing Lin, entitled 'About Hakkas'." 請參考 http://www.asiawind.com/pub/forum/fhakka/mhonarc/msg00272.html (2004/2/4)。

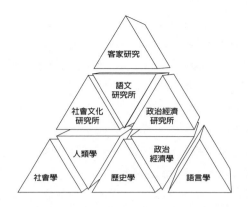

圖一：客家研究以社會科學相關學科為基礎

資料來源：取自中央大學客家學院93學年招生海報

討會」，[16] 中文使用「客家學」，英文則用 Hakkaology，2006年10月29日在臺大法學院舉辦的「國際客家學研討會」也是使用「客家學研討會」而非使用「客家學術研討會」。[17] 同一天，在臺北國際會議中心舉辦的「第一屆臺灣客家研究國際研討會」，則用「客家研究」，並沒有用「客家學」，不過媒體的報導則使用「客家學」的字眼，例如：「臺灣社會在特殊的歷史背景與政經結構下，掌握到客家族群在臺灣社會中的重要特質，對於『客家學』的研究，也遠遠超過國際社會的重視程度」。[18]

根據文獻，羅香林（1933/1992）在《客家研究導論》曾經提到「三年前我在北平，遇著一位辦報的朋友，他便主張將『客家研究』這門學問，逕以『客家學』名之」。這可能是最早提出「客家學」的文獻，之後中斷了一段時間又再度被提出來，例如吳澤在他所編輯的

16 第九屆是2003年5月在福建的三明召開。http://www.hakkazg.com/9jiesanming.htm (2004/2/4)。

17 2010年11月20日在臺大舉辦「2010年國際客家學研討會」，也是使用「客家學」名稱。

18 「扁：增加客委會預算・打造臺灣成為全球客家文化研究中心」，http://tw.news.yahoo.com/article/url/d/a/061029/1/5tlb.html (2006/10/31)；「陳總統：建立臺灣成全球客家文化研究中心」，http://tw.news.yahoo.com/article/url/d/a/061029/5/5tik.html (2006/10/31)。

雜誌中發表過〈建立客家學芻議〉，他主張「從客家學的學科定義及其內涵和外延來看，客家學不是客家史，也不是客家地區政治、經濟、文化等內容的彙編或整合，它是一門以民族學基礎理論為基礎，但比民族學具有更多獨特特徵、豐富內容的學科，它是一門融會了眾多人文社會學科的綜合性學科，它的研究涉及的領域十分寬廣，是一個龐大而又複雜的系統工程」（吳澤，1990: 3）。林修澈（2005）指出：「前人對於客家學建構的思考，可以從1933年羅香林開始，但是比較完整的論述卻要等到1990年的吳澤，整整等了五十七年。莊英章長年研究客家，但是他對客家學的建構思維，卻到2002年才提出，並且是在中國講學的環境裡提出。雖然如此，他的論點展現出強烈的臺灣學風。2004年也出現兩張圖解的客家學建構圖，施正鋒提出前一張，側重學科整合的方法論，林修澈提出後一張，側重學科建立的核心概念」。事實上，2000年之前，陳運棟先生（1999: 13-15）就曾針對客家學建立的條件、建立的意義與內涵，以及客家學的研究方法等做了深入的說明。在臺灣，除了莊英章、施正鋒、林修澈、陳運棟之外，年輕學者楊國鑫也在國立中央大學客家學院，「客家學及整合計畫規劃工作坊」提出客家學的專文。[19] 另外，「臺灣客家研究學會」成立時，也是以「邁向客家學」作為其目標，雖然客家學的基礎討論還有發展的空間，但是幾年來國際客家學界的活動似乎已經習慣使用「客家學」這個學術研究領域的名稱。

「客家學」的提出在學術上所具有的意義，莊英章教授（2001）曾經指出有下列幾點：（1）對華人研究的一種嚴肅反思。因為與原住民保持密切關係是客家的特色之一，但客家又堅持是漢族中血統最精粹者，所以客家研究可考量原住民或少數民族的社會文化對漢族的影響，也可正視漢民族本身以及中國境內區域間的多元性；（2）客

---

19 該文後來以〈現階段客家學的定位：從方法論的角度探討〉（楊國鑫，2005）發表於《思與言雜誌》，43卷2期。

家學是一門關於移民社會的研究。過去客家研究的相關著作，多數與客家族群的遷移有關，因為客家族群的遷移甚廣，包括在中國大陸之內的幾次遷移以及向海外的移民；（3）客家學凸顯傳統人文與社會學科分野之武斷，而提出對科際整合的熱切呼籲。可見客家研究作為一種跨學科的科際整合研究，對社會科學既有典範所具有的反思意義。

　　客家研究是否將成為獨立的學門——「客家學」？客家學是客家研究需要努力的方向，還是一個需要被質疑，被討論的議題？仍待更多的思辨與釐清。首先需要深入瞭解「客家研究」和「客家學」之間有何差別？這方面，可舉一個例子來說明，「社會學」是十九世紀新誕生的學門，在這之前不能說沒有社會研究，就像「客家學」成立之前也有許多「客家研究」已經在進行。不同的是，社會學成立之後，出現了社會學這個研究社群所分享的典範（可能不只一個），它們之間彼此分享該學門的概念、方法與理論，甚至建構相互認定的客觀判準。[20] 社會學者之間分享一些經典的研究範例、觀看事情的角度與觀點，有其面對與解析社會事實的一套方法，甚至定義出社會學獨特的研究對象，以及社會學知識的性質與社會學家的社會角色。由此可知社會學與社會研究的區別，客家學與客家研究的區別是否也有這一層意義？

　　十九世紀社會學以及其他學科誕生時的一些辯論，也許可以作為客家研究意欲發展成「客家學」的參考。再以古典社會科學家討論「社會學」作為一門獨特的學科為例，客家學研究的對象和一些已經存在的學科所研究的對象是否有所區別？有沒有獨特的方法？或特別的關心？法國實證社會學家涂爾幹（E. Durkheim）提出社會學作為一門新的學門之時，他提出了社會事實（social fact）作為社會學研究的對象，這是其他既有學科所忽略的研究對象；另外，這個獨立的學

---

20 分享幾個社會學的典範可能更接近事實，因為社會不只一個典範。

門是否有一個特殊的方法和觀點？與其他學門的關係如何？例如社會學與史學的區別與分工等。同理，討論「客家學」的研究對象、研究方法，其方法論的特色，以及這一門知識的實踐性都是客家研究邁向客家學的路上需要進一步討論的議題。

四、客家學的構成要素

作為像漢學、紅學，乃至於美濃學、苗栗學這樣的學術意義，則客家學之構成條件可能早已具足。但是作為一門像人類學、社會學這種學門的分類，客家學要成為一個學門，似乎仍有一段距離，其特殊的觀點與方法，也都值得進一步討論。「客家學」究竟是怎樣的一門學問？用 R. Bernstein（1976）的「社會科學重構」的觀點來看，我認為客家學的性質必須同時是經驗性的知識、詮釋性的知識和規範性的知識。也就是說這門學科的出現，應該要有詳實的、徹底的、動手動腳找資料的精神，也要有文化詮釋和關注行動者的主體性的態度，亦即除了掌握經驗資料的實證精神外，還需要有設身處地瞭解行動者的脈絡性意義之態度，更重要的是具有強調社會公平、正義之解放旨趣。

進一步來說，「客家學」作為一門學科，其認知旨趣的構成因素應包括技術的、實踐的與解放的旨趣。換句話說，客家學的研究，需同時具備德國學者哈伯瑪斯（J. Habermas, 1971）在《知識與人類旨趣》（*Knowledge and Human Interests*）一書中所說的三個認知旨趣（黃瑞祺，1986），及其所對應發展的學術取向：經驗性—分析性的學科（empirical-analytical science），歷史性—詮釋性的學科（historical-hermeneutical science），以及批判取向的學科（critically oriented science）。

客家學作為經驗性—分析性的學科，首先強調的是以科學的方法，來研究社會現象，甚至於要能夠歸納經驗事實、形構通則以建構

理論。客家學的發展與客家族群所處的社會脈絡有密切的關係，實證客家研究的重要性，是因為過去我們對客家族群的忽略，使得有些資料失散沒有累積，對於客家族群的認識與族群的歷史失去了根據。實證客家研究可能注重客家的源流、客家的語言、文化傳統，還有與其他族群之間的各種關係，客家族群相關的歷史事件，以及史實的佐證與考掘，基本上這個認知旨趣所強調的是證據的掌握與「客觀」研究的態度。

客家學具有實證科學的特質，需要「上窮碧落下黃泉，動手動腳找資料」，有時候還要創造資料（例如，口述訪談就是一種創造資料的研究方法）。對於歷史上發生的事情不論是否有真相，總是要能掌握證據，姑且不論這些證據是客觀外在的物證，還是個人（或群體）的記憶，都是一種實證的資料，這些資料的掌握與爬梳，是很基本的蹲馬步工作。

客家學也是一門對社會文化現象進行詮釋性瞭解的學科，重視社會文化現象對行動者的意義，客家學一方面要針對社會文化的歷史意義加以詮釋，也要對社會行動者的行為進行瞭解，人類社會就是由行動者所編織的「意義之網」所構成的社會。因此，掌握行動者主觀的意識，瞭解行動者的行為所具有的意義，設身處地的去理解不同脈絡中的行為、儀式的文化意義，都是詮釋與意義認知旨趣的範疇，這種以詮釋性的理解為目標的學科特質，當然也是客家學的構成向度。

客家學關心意義詮釋的瞭解，自然會牽涉到客家的意象、民俗與藝術所承載的意義及許多生活世界現象的詮釋。意義的來源與詮釋性的建構及理解有密切的關係，創造傳統與建構意義都是社會建構的一部分。理念的重要性就像韋伯所說的：「直接支配人們行為的是物質的利益與理念的意欲（ideal interest），不是理念。然而由理念所創造的世界圖像，卻像鐵路轉轍員一般，經常決定著由利益的動力所推動的行為去向」（Weber, 1946: 280）。理念在族群文化中所扮演的角色可想而知，不論是像「信念倫理」那樣只顧理想的堅持不論後果，或

相對於此的「責任倫理」的態度，都是影響行為態度的理念，客家族群是否分享集體的行事態度？這樣的議題值得深思。

除了前述兩個向度之外，與客家學之發展最密切的另一個向度是「反思性、批判性」的特質。不論是在羅香林時代或當前的臺灣社會，客家研究之所以受到重視，和一個社會的發展是否合乎理性具有密切的關係，不論是為了替客家族群正名為漢人，或者爭取客家話的發聲權，都是因為客家族群感受到在社會中受到扭曲與壓迫。所以打從一開始，客家學的發展和客家社會運動便具有密切的關係，因此反省、思考如何建構一個合乎理性的社會，推動或思索一個公共領域的基礎，和客家學反思與實踐這個向度的思考有密切的關連。

綜合上述，客家學的發生與實證的、詮釋的社會科學傳統，固然有相當的關連性，但是客家族群所處的時代的不公平、不正義以及扭曲的公共資源分配與不合理的族群關係，可能是更重要的原因。特別是在一個以市場導向為思考基礎的社會裡，族群資源的分配經常以市場的邏輯為根據之下，客家族群的權益常常不自覺的被邊緣化。例如，過去常被討論的公共運輸工具與公共場所中客家話播音的問題，鐵路局雖然有「很多」客家籍的工作人員，但是以前即便是火車停靠在苗栗車站，也只有北京話和福老話的播音，其他大眾運輸工具，如飛機等交通工具更不必奢望了。相同的，廣播、電視等公共資源的分配更是扭曲變形。族群正義的追求，必定是客家學的核心關懷，客家族群合理社會地位的追求，已經擴及更廣的族群正義的討論，族群的溝通與合理的社會結構的追求是一體的，客家學必然也是一門推動人類社會「邁向合理社會」的學科。

客家學作為一門獨特的學門，兼具實證的、詮釋的以及反思、批判的認知旨趣，是一門跨學科的綜合性學科，熟稔其他既有學科的理論與方法，將有助於客家學的發展與論述。各種社會科學的理論中，有些和客家議題的關心、客家議題的思考具有較強的選擇性親近性，將逐漸吸收或轉化成為客家學的核心知識，成為這個學門之學養基

礎，這些知識可能來自人類學、社會學、歷史學、政治經濟學、語言學；各種研究方法如田野考察、深度訪談、口述歷史、敘事分析、文化論述，以及各樣的理論思維，如社會記憶、解構與建構的思考，族群想像、族群邊界等等都與客家研究的進行，及客家學的建構有密切的關係。不過，如何整合轉化為客家學的核心學養，則有待進一步細緻的經營。

五、置身事內：研究自身的正當性

如前所述，「客家學」要成為一門有特色的學門，需要有許多細緻的分析與建構。從社會科學發展的傳統，以及近年來臺灣客家研究的特質來觀察，客家學作為一門跟理性社會（rational society）的發展相關的學科，進行其構成要素的思考與解析，將有助於認識客家學的特質。關於客家研究，過去雖然已經有一些學者或學術單位，進行客家議題的探索，但是一般來說，大多數是夾雜在其他的議題之中，真正以客家研究為宗旨，或具有客家意識、客家族群關心的研究近乎闕如。夾雜在其他議題之中的客家研究，和具有客家意識、族群關心的客家研究有何差別？以女性主義研究為例，學界早有將女性作為分析變項的研究，但不能說這就是女性主義的研究，它只是一般「不帶關心的」，「價值中立的」分析，不論是採取哪一種研究取徑（approach），頂多也只能說是婦女研究。

相同的，論文中討論客家變項的研究，和「帶有客家關心」，甚至「帶有客家意識」的客家研究，兩者之間也有一定程度的不同。實證主義的傳統，講究研究者的「價值中立」、「不帶情感」、「客觀態度」、「讓事實自己說話」的原則，雖然學界的評論不少，但是這種天真的實證主義仍然流行於學術圈。[21] 客家研究固然重視經驗證

---

21 相關的主張在 M. Weber, T. Kuhn, K. Popper 的理論中早已闡明。

據，需要「動手動腳找資料」，但是我們確知「事實不會自己說話」，客家研究的證據必須與人類社會、對客家族群的意義詮釋以及文化的理解有所關連，甚至更應該直接關連上追求公平合理的社會，破除不合理的社會結構等面向。[22] 如馬克思所言，哲學的目的不在於詮釋而在於實踐，客家學的目的又何嘗不是？從認知旨趣來思索，客家學乃是一門綜合性的學問，特別是具有實踐性的色彩，要面對的是一個隱而不顯的不合理結構與意識型態。客家學的關心旨趣，可和病患對醫病關係的研究，弱勢族群對強權結構的研究，以及女性主義對父權體制的研究作進一步的切磋。研究的進行可不可以是為了自身？研究的目的可不可以是為了改變？答案是肯定的。研究如果不能碰觸研究者自身命運的議題，不能改善研究者所面臨的不合理結構，研究還有什麼意義呢？

客家學如何面對因為研究者自身價值的涉入，而帶來的「不客觀」之懷疑？過去，實證社會科學的傳統，提倡價值中立的態度，避免自身價值判斷的涉入，運用方法論的策略來解決知識論的問題，將研究對象視如外在的「事物」，甚至要迴避研究與研究者生活、生命有密切關係的議題。依此，一個具有客家意識、族群關心、追求合理社會的客家學所需要的，顯然是另外一個學術的典範，因為有些客家研究本身就帶有主觀目標，客家知識體系的建構本身甚至就是客家社會文化運動的一部分，客家研究就是客家社會文化振興的一環。實證客觀研究的典範依然存在，客家研究者仍然需要其諄諄教誨，和被研究的對象保持一段距離，我們更期望設身處地的同理心能夠發揚光大，特別是希望非客家族群背景的學者來做客家研究，不過我們已經無法忽略一種面對自我，對身處其境的現象加以研究的重要性及其正

---

22 參考張維安，2005，〈客家研究與客家學的構成要素〉，國立中央大學客家學院，《客家學及整合計畫規劃工作坊》論文（2005.2.25）。楊國鑫先生在接受訪問時，也提到類似的觀點，他說「我覺得談『應然』的問題，是客家研究相當重要的一大塊」（楊國鑫2.txt）。簡單來說，客家研究並非只有「實然」的層面。

當性。

　　同意也好，不同意也好，一個以個人經驗、個人反思、自身經驗敘事為資料的學術分析，已悄悄地在進行。對於自身的關懷、自我的經驗、成長的感受、社會互動記憶等傳記式的回顧與自省，也已開始成為學術實作的方式。我們需要在自然科學式的客觀解釋之外，尋找探討「置身事內」的學術研究基礎。面對與自身密切關心的事務，解決「應然」的主張。客家人也好，原住民也好，個人在生命成長中的族群互動經驗，即是重要的文本。本文所要強調的是社會科學應該有一種有別於只將研究對象視為外在於研究者的客觀實體，研究者自身每日生活其中的世界，更應鼓勵作為反思性的研究「對象」。

　　經驗、記憶對於「置身事內」，乃至於直接介入所創造的生活世界的知識建構，具有一定程度的重要性。體驗，帶來個人對於社會世界的認識與理解，所謂的事實與現象，不可避免的和個人獨特的經驗與所處的脈絡有關。一個人對社會世界的認識，不外乎就是個人與他人，與制度相處及互動的沉澱。個人的體驗與知識建構了社會世界的知識，個人的體驗也應安置在社會世界的脈絡中來瞭解。

六、結語：社會科學研究典範的重新思考

　　幾年前在國立清華大學人文社會學院，有一個生態攝影展，這個展覽中有許多我先前就熟悉的昆蟲和蕨類。但是，除了一些蜻蜓、青蛙、山蘇與過貓，大部分我都無法說出它的名字和詳細的特質。在唸高中之前我和這些山上的生物常有接觸，雖是咫尺相處，但也可以說是不太認識。在展覽中，通過鏡頭的捕捉、特寫、文字的說明之後，漸漸成為可討論的、可分析的知識，經由鏡頭焦聚的掌握，攝影者的解說，我突然對它們有了新的認識。就如我們每一個人，從小就有一些獨特的生活經驗，但是記得的永遠只有很小的部分，其他大部分的生活經驗可能被自己遺忘了，可能是被自己有意的壓抑或埋藏了。這

些或記或忘的生活經驗，在未經反思之前大都只是相當模糊的主觀經驗，只有在二度建構中才能構成分析性的知識。

族群經驗是族群研究中相當重要的一部分，弱勢族群的經驗，女性的經驗，病患的經驗，可能都需要經過鼓勵，經過與他人的分享，在解除心理防衛機制下才可能說出來。這些個人的經驗、體會與壓抑對於一個人一生的發展可能是相當關鍵的部分，對於認識、解析他所處的時代，也具有相當關鍵的意義。如前所述，在還沒有設立制度性的客家研究機構之前，臺灣的客家研究已經開始，從民間的學者開始，這些民間的學者本身就是客家人，他們所研究的不是他者，他們研究的正好都是自身，自己的族群、自己的家族、自己的故鄉、自己的體驗、自己的祖先、自己的山歌。他們在研究自己。

實證社會學的諄諄教誨又在心裡迴盪：為了科學的、客觀的研究態度，人類社會的研究應該遠離自己，遠離自身的社群，迴避自身的利益。對於自己所投入的社群尤其不能作為研究的對象，這樣才能公正、客觀。面對這些主流的實證理念，客家學者必須這樣反問：一門學問如果連自己的生活世界，自己的命運，自己的未來都不能研究的話，那麼它還有什麼意義？自身的命運、個人的體驗、個體的關心，如何可以做為被研究的議題？特別是被自己研究的議題？需要有合宜的方法論基礎？研究自己的經驗，如何不成為自言自語，或神祕主義？社會學者本來就需要釐清社會學理論的意義，「認識你自己與承認自身的辯證關係」在西方的哲學思想與社會學的思考中具有重要的地位，甚至於可以說，這正是社會學概念誕生之處（王崇名，2006: 3）。客家學的省思可從以自身經驗為主題的研究（林文源，1997），在女性研究女性，病人研究病人的研究中得到共鳴。楊國樞（1997）的「華人研究華人」的本土契合性，也在這樣的脈絡下，使我重新體會其意義。

客家研究乃至於客家學的認知旨趣，主要在於採用跨學科的觀點與方法，來思考客家族群集體的特質，並從「客家」作為主體的知識

建構中，理解其在臺灣歷史與社會結構中所處的社會位置，不過更重要的是客家研究或客家學本身，不可避免，也是無法避免的實踐意涵，面對這種實踐意義以及客家人對自身族群的研究，都必須重建新的研究典範，這些都是客家研究往後發展所要處理的議題。

（本文初稿曾經發表於2006年臺灣社會學會年會，部分內容用於與徐正光教授合寫的〈臺灣客家知識體系的建構〉，刊登於《臺灣客家研究概論》，頁1-15）

參考資料

Bernstein, Richard J., 1976, *The restructuring of social and political theory.* New York: Harcourt Brace Jovanovich.

Habermas, Juergen, 1971, *Knowledge and Human Interests.* Boston: Beacon Press.

Weber, Max, 1946, *From Max Weber.* H. H. Gerth and C. W. Mills eds. and trs. New York: Oxford University.

王崇名，2006，《社會的概念：Charles Taylor、Michel Foucault 與德國哲學詮釋學的觀點》。臺中：東海大學。

林文源，1997，〈TO BE OR NOT TO BE? 長期洗腎病患的生活及身體經驗〉。新竹：國立清華大學社會學研究所碩士論文。

林修澈，2005，〈客家學的建構與發展〉，《客家學及整合計畫規劃工作坊》論文。中壢：國立中央大學客家學院。

施正鋒，2004，《臺灣客家族群政治與政策》。臺北：翰蘆出版社。

吳澤，1990，〈建立客家學芻議〉，《客家學研究》第二輯，頁1-10。

張維安，2003，〈客家學院的發展構想〉，《客家文化研究通訊》，第六期。

張維安，2004，〈分散與聯繫：客家研究的議題〉，第七屆臺灣歷史與文化研討會。臺中：東海大學通識教育中心，2004/2/6-7。

張維安，2005，〈把民間學者拉進來：臺灣民間客家研究者的研究取徑〉，《2005全國客家學術研討會》論文。中壢：中央大學客家學院，2005.5.26-27。

張維安，2005，〈客家研究與客家學的構成要素〉，《客家學及整合計畫規劃工作坊》論文。中壢：國立中央大學客家學院。

張維安等，2015，《客家族群與國家政策：清領至民國九〇年代》。臺北：客家委員會。

莊英章，2001，〈客家社會與文化：臺灣、大陸與東南亞地區的區域比較研究〉，2001年國科會規劃案計畫書（NSC 89-2419-H-001-001-B9001）。

陳運棟，1991，〈客家研究導論〉，徐正光編，《客家社會與文化：徘徊於族群和現實之間》，頁10-15。臺北：正中書局。

黃瑞祺，1986，《批判理論與現代社會學》。臺北：巨流圖書公司。

楊國樞，1997，〈三論本土契合性：進一步的澄清〉，《本土心理學研究》，8: 197-237。

楊國鑫，2005，〈現階段客家學的定位：從方法論的角度探討〉，《思與言：人文與社會科學雜誌》，43 (2): 11-42。

羅香林，1992，《客家研究導論》。臺北：南天書局。

以實作知識為對象：
臺灣民間客家研究者的研究取徑[*]

摘要

　　本文以學院外客家研究者為討論對象。以口述訪談方式蒐集資料，聽打成逐字稿並進行分析。主體內容包含：（1）本文所分析的八位受訪者，皆為桃竹苗地區之民間客家研究者，他們有很高的教育背景，具有碩士、博士的背景或擔任中小學老師、校長；（2）這些受訪者進入客家研究的機緣，有些是因為自己周遭生活世界的體驗、觀察與書本或故事的傳說有落差，想要加以釐清，有些則是關心客家話的消失，所以奉獻於提倡客家話的基礎工作；（3）整體來說是通過對臺灣鄉土的關心，再進入客家研究的領域，是一條比較多人經歷的客家研究途徑，不過也有人從臺灣文學與客家歌曲切入，而以客家研究為終身志業；（4）關於如何做研究的部分，基本上這些民間的客家研究者都強調經驗資料的重要性，這些經驗資料包括歷史資料和田野資料，並重視彼此之間的對話，「做」是他們的共同特質，在對客家的熱誠之下，推動著客家研究的各式做法，但是對於觀念的啟發涉及較少；（5）論述平臺對民間客家研究者的工作具有重要性，本文所討論的平臺有雜誌、報紙、電視臺或社區大學等；（6）通過這些討論，可以將民間客家研究者的研究取徑，當作是一種以實作知識作為研究對象的典範。

關鍵字：客家學、客家研究、民間學者、研究方法

＊本文為93年度行政院客委會國立中央大學補助款計畫案中子計畫：「臺灣客家研究者研究歷程口述資料採集計畫」之部分研究成果。感謝共同執行計畫的張翰璧教授與傅寶玉老師，還有本計畫的研究助理莊建華先生。另外，也要感謝接受訪問的所有受訪者，在百忙之中接受本研究的訪問並親自校訂訪問稿。

一、前言

　　2003 年 8 月 1 日以前，[1] 已經有一些學者或學術單位，進行客家議題相關的研究，但是一般來說，多數是夾雜在其他的議題之中，真正以客家研究為宗旨，或具有客家意識、族群關心的學術機構近乎闕如。國立中央大學設立了全球第一個客家學院。理想上，客家學院乃是一個真正以客家研究為宗旨，或具有客家意識、族群關心、追求合理社會的學術機構。不過，在這之前，帶有客家關心的客家研究已經展開，從事客家研究的民間學者，或者說非學院內的客家研究者，從不同的角度切入，已經累積了豐富的研究成果。他們的活力、耐力、熱誠以及相關的客家知識，對於學院內的研究學者具有重要的意義。雖然客家學院能夠提供研究生一些基礎訓練，特別是理論、觀點、方法、技巧，以及一些研究的倫理與邏輯的思辨，但是進行具體的客家研究時，實際上也是千頭萬緒。這些民間的客家研究先行者很多年前就已經開始，作了很多基礎調查，在資料採集、整理、出版、CD、紀錄片等各方面已經累積豐富的成果。本文的目的，即是通過對他們的訪談，來瞭解各種客家研究的取徑，並思考這種以實作知識作為對象的研究典範特質。

二、研究對象與方法

　　如前所述，本文所研究的對象為臺灣從事客家研究的民間學者，長期以來，累積許多研究的成果，他們分散在不同的地區，來自於不同的專業領域，有其各自關心的議題，甚至於有各自投入客家研究的理由和方法。他們的經驗、摸索的過程、累積的心得，對於瞭解臺灣客家研究這個議題，或建構客家研究的典範來說具有重要的意義，其

1　2003 年 8 月 1 日是國立中央大學客家學院第一學期的開始。

作法可以視為以實作知識作為研究對象的典範。本文以口述訪談的方式來瞭解他們的研究，例如，怎樣接近這些問題？採取怎樣的方式蒐集資料？用什麼方法來分析？他們的論述平臺在哪裡？他們的學術社群在哪裡？關於所分析的資料，本文以國立中央大學客家學院在2004年所進行的「臺灣客家研究者研究歷程口述資料採集計畫」，所蒐集到的口述訪談逐字稿為根據，本次分析的資料以北臺灣桃竹苗地區的八位，未來將陸續進行其他相關人員的訪談。[2] 這些受訪者都有豐富的客家研究成果，但是都不在大學裡面擔任全時的教職。這八位受訪者包括張致遠先生、陳運棟先生、黃卓權先生、黃鼎松先生、黃榮洛先生、楊國鑫先生、楊鏡汀先生以及龔萬灶先生，他們的貢獻分散在各方面，除了出書、寫文章、辦雜誌，參加學術研討會之外，田野調查、編輯辭典、拍攝紀錄片、製作客家電視節目樣樣都有。[3]

　　基本上，依照口述訪談的原則與專業倫理，本計畫的訪談紀錄都有錄音，事後根據錄音檔聽打成逐字稿，經校對後為「逐字稿第一版」，送請受訪者協助修訂後為「逐字稿第二版」，本文所分析的資料為逐字稿第二版。口述訪談的次數依照實際的需要分別進行一次或兩次的訪問，這批資料針對八位受訪者，一共進行14次的訪問，每次訪問平均2-3小時，逐字稿資料累積約22萬字左右。[4] 在資料分析過程中，本文運用WinMAX軟體針對這些口述訪談的逐字稿進行分析。[5]

---

2 這些受訪者名單的產生是以學術社群的知識為基礎，「立意」選定的。本文並不以這些受訪的對象來「代表」其他人。理論上，我們沒有這樣的根據，經驗上，我們將還繼續進行這方面的訪問，未來可能有更多的發現。

3 全部都來自於桃竹苗地區，因為篇幅的關係，在此不擬介紹他們在客家研究方面的成果，未來將另文分析。

4 本計畫結案報告有28萬8千字左右，扣除社團座談逐字稿紀錄之後，約在22萬字左右。

5 逐字稿資料的引用方面，保留WinMAX的原始紀錄標示訪談資料的行數，例如：「楊國鑫1.txt: 446-455」，是為楊國鑫先生第一次受訪資料的446行至455行之間。

三、走進客家研究的機緣

（一）不滿缺漏或扭曲的臺灣史

　　文獻記載和實際生活觀察之間的差異，是導致一些學者進一步探究的原因，而且一開始不一定是為了客家研究。張致遠先生進入客家研究的領域是，先從泰雅族的研究開始，可以說從關心臺灣的原住民或全臺灣開始。張致遠先生進入原住民的研究是因為他發現學者的著作，似乎和他的瞭解有一段距離，他說：

> 我發現到我讀的書，包括中研院與政大邊政所編的泰雅族書籍，寫的並不是很理想，跟事實偏差太大，我寫這本《泰雅族風情》就是因為要矯正並還原其中的事實，我就跑了一趟泰雅族社會，並拍了許多照片回來，基於這個理念才會去採訪撰述成書（張致遠.txt: 400-405）。

　　和張致遠一樣，黃榮洛先生發現外省人所寫的臺灣史，並不瞭解臺灣，他發現文獻記載與實際生活現象不符，想要進一步去找尋實證的基礎。這成了黃榮洛先生研究臺灣史的原因，對於客家議題，則是他感覺到過去幾乎沒有人做客家研究，他也是在73歲以後才開始。在第二次的訪談中他提到：

> 因為光復以後，外省人來臺灣，他們寫的臺灣，沒有一篇是忠實的，還有我們清朝時代、日本時代也一樣啦，他們對經濟方面大概可以有忠實的報導，但是在政治方面都是假的啦，都是外籍的人來寫的啦。所以，政治方面很多都沒有忠實的寫，所以，我看一定要臺灣人自己寫才會讓真實走出來嘛（黃榮洛2.txt: 174-188）。

在第一次訪談中，他也說出相似的意見，訪問者問道：「您當時是學農的，怎麼會走到臺灣史的研究？」他說：

> 那是因為我感覺到光復以後，外省人來以後寫的臺灣史、臺灣的特色等很不對的（黃榮洛1.txt: 385-389）。

黃榮洛先生是30歲開始蒐集古書，59歲開始作臺灣史研究，70多歲才開始從事客家研究。相對於黃榮洛先生，楊國鑫先生對客家的好奇開始得很早，從芎林國中就受到啟蒙，經歷新竹高中、逢甲大學，漸次進入客家研究。追求事情真實面的批判精神，很早就出現在楊國鑫先生的身上，他在讀中學的時候受老師啟蒙，開始關心一些和書本記載不同的事情。楊國鑫先生說：

> 在讀芎林國中的時候，有一些老師就會講一些故事，比如說北埔抗日的故事，……新竹中學也有老師會講這樣的事情，包括對一些不公平的，不公義的事情，會在課堂上講（楊國鑫1. txt: 55-91）。
> 我們去觀察，果真好像這個老師講的沒有錯，有時候好像有些人某個角度是在騙你，要反省，要注意，要認真聽，然後認真看，不見得是那樣（楊國鑫1.txt: 93-102）。

因為受當地歷史事件記載的影響，使他覺得可以替客家作一些事情，這個想法後來展現在他的作品上，也展現在他具體的社會實踐上：

> 北埔的抗日事件，他們就是類似我們的祖先或前人，……老師會講所謂的抗日意識或抗日英雄的故事給我聽，我覺得這個影響我很大。……那個好像也是一種模範，我也可以做一些貢

獻，這個家鄉的事情，那他們那個叫抗日英雄，說不定以後我也是什麼英雄啊。隱隱約約就想可以向他們看齊，當然時代是沒有給我們這個機會去參加抗日，但是，就是變成很多形式上可以轉化（楊國鑫2.txt: 215-230）。

抗日事件的啟發、外省人所記載的臺灣政治史的出入、學者所寫的泰雅族報告的偏差，這些與客家研究、客家社會並沒有直接的關連，唯一有關連的是求真與反省的精神，以及對周遭生活世界的關心。他們從這裡，進入了臺灣鄉土社會，關心了周遭的生活世界，最後則關心客家社會的議題。

（二）對客家話的消失有個交代

龔萬灶先生編寫客家辭典，[6] 是從關心客家話的消失開始，他認為客家話如果消失，我們這一代要負很大的責任：

> 我走的方向是，希望客家話不要在我們這一代消失掉，因為我們這一代的人，可以說是目前在臺灣，……真正會講客家話的，……下一代以後，……我說有一半已經不錯了（龔萬灶.txt: 111-118）。

客家話在這個社會上漸漸的不受客家人自身或其他族群的重視，有一定程度應屬於結構性理由，面對這樣的現象，有許多不同的作法，龔先生和他的團隊在設法把客家話留下來的努力上，選擇編纂客家辭典，要「給自己有個交代」（龔萬灶.txt: 118-125）。客家話就算最後無法逃避消失的命運，也要在博物館找得到它：

---

6 龔萬灶先生是筆者在苗栗銅鑼文林國中的國文老師。

我要把這個客家話留下來而已，至少我這個話有紀錄，後代的
人能夠找到這個東西，不會說你客家話就真的沒有了，……以
後沒有人講客家話的時候，這個就是在博物館找啊（龔萬
灶.txt: 208-215）。

龔先生所編輯的客家辭典，在民國 81 年出版，真正的工作早在
四、五年前就開始。在關心客家話的許多可能性中，龔萬灶先生想要
有東西作為基礎，因為有人說「客家話沒什麼，因為沒有字」，所以
選擇編輯客家辭典。龔先生說：

先編辭典，主要的當然就是覺得說這個客家話以前一直能就是
說，大家都說你客家話沒有字，沒有字嘛，甚至於像我那個徐
社長，他那個徐運德先生，他就說有人就直接跟他講說，你客
家話什麼都沒有，你要怎麼跟人家比，你講你客家話怎麼樣，
你要怎麼跟人家比……。他就說好啊，你說我們沒有啊，所以
這本書是趕出來的，有點覺得說一股氣在那邊，我弄出這些東
西出來（龔萬灶.txt: 255-260）。

另外一個先編辭典的動機：

沒有基本的字詞，你要把它堆砌成變成一個文章那已經是不可
能的啦，因為你至少你要先有一個基本的這個東西嘛，一個詞
彙嘛，不然你沒有這些東西你怎麼寫文章呢（龔萬灶.txt: 263-
268）。

這個工作目前還在進行，以期能為客家話留下基礎，為客家話的
推行提供更好的工具書，當然不是為了加速把客家話推向博物館。這
是一項艱辛而且基礎的工作，不過龔先生謙虛地說盡力就好：「我只

是盡我的力量，能做多少就做多少」（龔萬灶.txt: 882-917）。

四、通往客家研究的途徑

（一）從臺灣史走進客家社會

我們所討論的這幾位客家研究者，一開始的時候都有他們個別所關心的議題，但是最後都在客家研究的領域中有相當清楚的貢獻。雖然說他們各自有不同的關心，但卻大致脫離不了「臺灣本土」的關懷，然後再邁向對客家族群的關心。

楊鏡汀先生，[7] 他是從關心地方的鄉土教育資料切入，進而漸漸聚焦在客家研究的議題上，楊鏡汀先生說：

> 我對教育以外的研究工作，是有階段性。我當校長是在民國六十八年，在六十八年到七十八年這個十年，我是研究地方歷史，臺灣的歷史。那麼七十八年以後的十幾年，到目前為止，應該是做客家的事情（楊鏡汀1.txt: 326-329）。
>
> 真正客家研究的東西，是在當校長的時候，被派到鄉下地方，那個小學是迷你學校，我到那裡不知道要做些什麼，課本是教育部的統一版本，根本跟這邊的鄉土教材沒辦法容納下去，這是一個非常可惜的事情。我是個受過日本教育的人，我知道日據時期他們的教材，很關心鄉土教材（楊鏡汀1.txt: 95-99）。

這個受日本教育的國小校長，在鄉下發現教育部的教材與當地的生活世界無法對話，開始關心在地的資料。他甚至請學生家長帶路去認識當地的歷史人文遺跡、瞭解當地的故事。在這個前提下，後來遇上了臺灣本土思潮的發展，漸漸走向客家研究。一開始的時候，鄉土

---

7 2015年客家委員會客家貢獻獎得主。

教育的推行，不但沒有得到政府的肯定，甚至還有各種的限制。楊校長認為他並不是參與社會運動的人，但是能夠在當時這樣的環境下，不屈不撓的從事這些鄉土教育資料的蒐集與推行，其實已經具有（勇於面對不合理現象的）社會運動精神。當時學校裡並無鄉土課程，他是把這些鄉土教材和歷史或地理結合起來教。從地方史地資料的蒐集開始，最後才和客家的議題碰面：

> 我們把它跟歷史跟地理結合，甚至和自然科合在一起，把這些資料提供給老師。內豐國小學生只有個位數，我去的時候學生只有二十幾個人，到了三年後，學生只剩下十個，學校的環境非常安靜，可以看點書，我這個人不喜歡應酬，我不喝酒也不打牌，在那邊當校長，誰都不管我。可是一去就是去三年，那我們就是瞭解這個地方、看看這個地方有什麼東西。這個地方有原住民，賽夏族（楊鏡汀1.txt: 117-123）。

　　這個時候臺灣的大環境開始有一些改變，楊鏡汀先生提到，「1990年，民進黨范振宗當縣長。他說這個不做不行。客語教學真正在國中小學課堂裡面恢復教學，就是在這個時候」（楊鏡汀1.txt: 249-251）。就在差不多同一個時間，楊鏡汀先生出版了臺灣光復後第一本客家諺語的書，這本書是「新竹縣客家文化研究叢書」的第一本作品。[8]

　　黃榮洛先生也是從臺灣史的關心開始，他說開始研究臺灣史的時候，並沒有特別是為了客家，「只想到我們臺灣全體的問題」（黃榮洛2.txt: 290-295），雖然他覺得日本人對臺灣文化的記載有些值得參考，但是他也發現，日本人並不瞭解客家人，或者沒有重視客家人，

---

[8] 客家臺灣文化學會的研究叢書，已經出版了22種議題不同的《臺灣客家文獻研討會論文集》（2004.9.5）。

一個學農出身的黃先生怎麼會走到臺灣史的研究來呢？[9] 他提到：

> 出發點是臺灣史啦！以後是關心客家啦！因為看到日本的民俗的書，很有研究也寫得很詳細，但是完全沒有提到客家的民俗，一半是漢民俗的，特別是閩南人的民俗（黃榮洛1.txt：492-502）。

黃榮洛先生研究臺灣史以後，發現討論客家人的資料很少，客家人和其他的漢民族一樣，特別是因為祖籍關係，客家人就當作廣東人來看待，[10] 這是有些微錯誤的，黃榮洛先生舉例說明：

> 日本戰到華南地方，在廣東地方，他說廣東人是客家人。但是，客家人的國小老師，師範學院畢業的，徵去給做通譯，廣東地區是說廣東話，他就聽不懂。……日本人很生氣，差一點給他們槍斃，叫你來通譯你說不知道，聽不懂，不對啊！你反抗軍令，要槍斃，才有人給日本人說：客家人是客家話，那個是廣東話，不一樣啦！才沒有被槍斃啦！這個小故事你們沒有聽過嗎？（黃榮洛1.txt：503-510）[11]

---

9 黃榮洛作臺灣史的動機很有正義感，除了這些學術的理由外，他也想替自己的人生留下一些有價值的東西。他說：「因為我的孩子已經出了社會，就是出去賺錢了，而我不用給他們錢，負擔沒有了，我想我以前做什麼事都沒有成功，就是這麼死去的話，我們的這個人生就沒有什麼價值了，所以想來想去，還是研究臺灣的歷史要好」（黃榮洛2.txt：41-80）。

10 這個現象不只是日本時代如此，事實上1990年以前的臺灣學界，也是不重視客家作為一個討論的分類。相對於原住民，客家是在漢人的這一類，相對於外省人，客家是在本省人的這一類。所以所謂的臺灣研究中，「客家」還不太被學術界作為一個類屬。

11 「日本人當初想，雖然客家人的話和閩南人的話不一樣，但是經過很多族群，講浙江話的也有，講北京話的也有，閩南話的也有，所以沒有想到客家人的民俗很多不一樣的地方，太平洋戰爭發生以後，才在湖口發現，怎麼說呢，因為……有一個人出了一本書，我們把它拿來翻譯成中文，那個人有寫到日本人已經知道客家人的民俗很不一樣，但是後來戰爭激烈了，沒有功夫作這個工作，所以我看到最大的問題就是這裡啦」（黃榮洛2.txt：203-213）。黃榮洛先生另外指出臺灣在客家運動以後，做客家研究的人也很少（黃榮洛2.txt：337-341）。這點很值得重視。

後來為什麼研究客家呢，黃榮洛先生說：「研究臺灣史之後才知道，日本時代日本人沒有研究客家人，日本人只有講客家人很勇敢，很衛生，很喜歡乾淨，只有這樣子的話，還有一方面是客家人比較坦白啦，喜怒哀樂比較明白啦，日本人常常這樣子寫過啦」（黃榮洛2.txt: 343-347）。他後來進行客家研究似乎是因為「日本時代日本人沒有研究客家人」，所以有意的要補充這一塊空白，另外也可能和他關心「周遭生活世界」的研究取向有關。

（二）族譜、鄉土再到客家社會

　　陳運棟先生進入客家領域，也是先有本土關懷。陳先生原本是教育界的人，後來因為編寫自家族譜的關係，開始注意臺灣本土的議題，最後走上客家研究的路。陳運棟先生說：

> 我是先看教育的雜誌、教育的專題，然後為什麼會轉到客家呢？因為我們家的族譜，我的高祖父，就是掛像的那一位（指著牆上的畫像），同治六年，他請人家去大陸抄了一本族譜回來，那是在大陸用毛筆寫的，族譜從最開早的始祖延續到一百多世直到臺灣來以後都有，這個族譜由我的叔祖保管著。民國57年他過世以後，發現族譜不見了（陳運棟1.txt: 131-146）。

第二年陳家族人公推運棟先生重寫族譜，

> 我就開始著手寫族譜，但是那時我什麼資料都沒有，什麼也不懂，我也沒看過那本族譜，就開始著手蒐集資料。因為那本族譜是公譜，只有一部，但是有很多有心的各房，會把和自己有關的部分抄下，大概看了找到的四本，他們抄得比較簡單，只抄自己房的其他房的都不抄（陳運棟1.txt: 131-146）。

陳運棟先生說，因為要比對族譜裡面的相關事項，甚至為了瞭解族譜所記載的內容，他開始讀歷史，開始讀臺灣史，最後觀念一變，碰到和臺灣有關的書就買，鑽進臺灣研究的領域，成為臺灣研究的專家：

> 我拿到資料，比對看了以後，感覺蠻有興趣的，這個人呀，生卒年是多少，幾年來臺灣，在臺灣是住在竹南一堡的隆恩佃，什麼叫做隆恩佃我們要查呀，所以就開始念歷史，開始讀臺灣史，看新竹縣采訪冊，看臺灣銀行的研究專刊，當然也有《臺灣文獻》（陳運棟1.txt: 147-171）。
>
> 從這個時候我開始研究臺灣，就是因為要瞭解我們族譜上所記載的那些事情，後來我也向全省各地方要了有關族譜的資料，總共蒐集到二十幾本，然後我們就重新編了我們陳家的族譜。現在從大陸那邊來的資料更多了，幾十種上百種都有了。因為要整理族譜的關係開始研究本土，臺灣究竟變成怎樣，我們家來臺以後整個日治時期的資料開始，例如《新竹州沿革史》呀、《新竹廳志》、《苗栗縣志》，有關我們家鄉的書我們都買回來看呀。然後觀念一變，從那個時候開始教育的書我就不買啦，雜書也不買了，所有的錢都拿去買和臺灣有關的書籍，只要是有「臺灣」兩個字都買，當然現在沒辦法這樣子了，像我們這樣子買書的那時候，與臺灣研究相關的書還很少（陳運棟1.txt: 147-171）。

　　這是陳運棟先生進入臺灣研究的過程。關於客家研究，則是從撰寫《客家人》那本書開始。和年輕的楊國鑫以及年長的黃榮洛一樣，他們都受到鍾肇政先生的影響。民國60年代，從鄉土文學的探討開始。那時有個出版社，跟鍾肇政先生討論想出一本名為《臺灣人》的書，但因為時代還相當敏感，後來改出《客家人》，並邀請陳運棟先

生執筆：

> [出版社] 要鍾肇政先生寫有關《客家人》一書。而鍾肇政先生
> 就介紹我來寫。但當時我對於客家人的研究還是一片空白，沒
> 有真正開始（陳運棟1.txt: 43-60）。

從開始寫《客家人》那本書的時候，才感覺到自己是在做客家研
究。陳運棟先生說：

> 寫了《客家人》這本書以後，才開始注意客家資料的蒐集、閱
> 讀，也會思考究竟客家人是怎麼樣的人、怎麼樣來的？以後要
> 往哪裡走？就像我常常講的，人生哲學有三個主題，我是誰；
> 我從哪裡來；我往何處去？那客家人是什麼人？客家人從哪裡
> 來？客家人往哪裡去？這大概是我們要思考的，客家學的建
> 立，最基礎的可能也是要讓所有的學者或探討者，先要考慮這
> 些問題！你要先界定什麼叫做客家人，他從哪裡來？他從哪裡
> 到現在？現在你要瞭解他，憑你現在看到的，判定將來要怎麼
> 走？（陳運棟1.txt: 287-305）

陳運棟先生後來會接下《客家人》的寫作邀約，某個角度來說應
該和他先前因為修族譜，投入臺灣鄉土研究的背景有關，他也是通過
臺灣鄉土關懷進入客家社會的研究者。

（三）從臺灣文學和歌曲切入

從族譜可以到臺灣鄉土的認識，再發展到關心客家，從臺灣文學
也可以發展到關心客家。中學就受到求真啟蒙的楊國鑫先生，大一開
始進入客家研究的領域，那時他就讀逢甲大學，圖書館和學校的老師
是他重要的資源，特別是圖書館裡面的鄉土小說，他在那裡得到許多

研究的養分，他說這些小說中的情節，與客家及其生長的地方有親切感，楊國鑫先生想起在逢甲讀大學的日子：

> 去圖書館，不得了，圖書館裡面東西很多，後來我一開始主要是看那些小說……，鍾肇政的《臺灣人三部曲》，我大一就看完了，像李喬的《寒夜》，像吳濁流的《亞細亞的孤兒》，鍾理和、洪醒夫的，我們現在說的臺灣文學，都是看小說啦，主要是看這些東西，當時也有《臺灣文藝》雜誌，其實還有報紙的副刊。……圖書館又發現另外一本書，就是陳運棟的《客家人》那本書，羅香林的《客家研究導論》，這都是在大一的時候，我大概就把這些東西看完了……，後來我寫了第一篇有關客家的文章，就是〈客家之名與其源流考〉，登在《逢甲青年》。我大一下學期，好像是春假，我沒回家，大一下學期就寫那篇，叫做〈客家之名與其源流考〉，主要就是看了羅香林，我覺得那個東西也可以寫給大家看看，我想看的人也不會很多，我只寫了七、八千字，人家是寫了一本書……，因為我們也是模模糊糊 [知道] 什麼叫客家（楊國鑫1.txt: 113-131）。

對年輕的楊國鑫來說，所謂的臺灣文學和客家有很大的關係，甚至和他周遭的生活世界有密切的關係，臺灣文學的學養可以說是他進入客家社會的一條途徑：

> 譬如吳濁流的《亞細亞的孤兒》他裡面一開始就是新埔嘛、義民廟嘛，新竹、苗栗嘛，這個字眼在他們的小說裡面一直出現（楊國鑫1.txt: 637-640）。
> 其實那時候就是所謂的大師嘛，你看整本那個《臺灣文藝》的期刊，其實就是這些人的文章很多很多啦，包括鍾肇政、李喬、吳濁流、洪醒夫、鍾理和、鍾鐵民、鄭清文、賴和、龍瑛

宗，龍瑛宗寫的很多東西都是北埔嘛，後來我也可以寫，真的我也有寫，臺灣文學這些人的作品影響我很大，聽說這些人還在那，所以我去找他，所以我去龍潭找鍾老，我跟他比較早接觸，就是因為看了他的文章（楊國鑫1.txt: 648-655）。

除了鍾肇政先生，還有一位學者也影響了這位年輕人對客家的認識，他說：

> 另外，認識一個人也有關係，叫做郭兆華。郭兆華他是當時屏東長治中學的校長，他其實也是中山大學，他跟逢甲大學的那些教授、董事、校長其實都認識，所以他高中校長退休後就來了，他以前在梅縣就辦學了，……我從郭兆華那邊就拿到不少我們所謂中國大陸那邊的，尤其是客家的資料，包括同鄉會的會訊啦，因為他有待過屏東長治中學，就是六堆地區嘛，所以那邊的文獻雜誌關於六堆的一些期刊，六堆那邊很早就有這種東西，所以，他那邊都有啦，我都跟他借來看（楊國鑫1.txt: 139-163）。

除了前述這些背景，當時還有哪些作品對楊國鑫先生產生衝擊，使他進入客家研究的領域？他說：

> 就我剛才講的啊，當然包括後來的《望春風》，《魯冰花》啊，那是後來陸陸續續看的，鍾理和的《原鄉人》，吳濁流的《亞細亞的孤兒》這些，然後他們那時候，好像《臺灣文藝》，後來有出了《臺灣文化》還是《臺灣新文化》，又是文化，又是政論，又是小說，其實也都是鍾肇政、謝長廷、陳水扁、李喬等這幾個核心人物，有一本叫做《臺灣新文化》，也把當時吳濁流之前的禁書《臺灣連翹》在那邊連載。我就看這

些小說，就客家的味道很重嘛，在那個小說裡面，它其實整個主要的意識是談臺灣文學、臺灣意識，可是我卻從這裡看到很多客家的語言、詞彙、故事啦，好像也滿有意思的，然後我又在圖書館看了跟客家有關的（楊國鑫1.txt: 139-163）。

這些小說甚至是政論性雜誌，使楊國鑫先生把他周遭生活世界的關心聯繫在一起，他說那些臺灣文學，其實就是身邊的東西嘛，「比如說鍾肇政的《臺灣人三部曲》，他也會寫那個抗日的事情對不對？還有，這……客家話嘛，他的對話也都是用客家話嘛」（楊國鑫1.txt: 631-635）。

楊國鑫先生進入客家研究，除了接觸臺灣文學外還有一途徑，就是客家音樂，他提到：

其實做客家研究，跟另外一件事情有直接的關係，就是我們之前在這裡聽到都是傳統的、所謂的山歌，民國72年，也就是1983年年底，12月的時候，是吳盛智過世，陽光合唱團，他也就是在1983年的時候出了一張叫做陽光客家什麼歌謠的唱片，現在說唱片，當時買到的是錄音帶啦，顯然跟以前不一樣，但是他是用客家話唱的，以前的山歌跟他那個東西都不一樣，意思是說，好像也還滿不錯的，可以有那個感覺（楊國鑫1.txt: 55-91）。

客家歌手吳盛智對楊國鑫先生頗具有吸引力，那個時候他是「高四」，因為這樣而養成的剪報習慣，持續到今天：

吳盛智會很多樂器，然後他本身又很會唱歌，他專門唱英文歌嘛，那個Tom Jones的情歌他唱得最好的，所以他最拿手的就是唱跟彈吉他，所以整個一下子轉到客家歌的時候，其實表現

得很好，讓我們耳目一新。當時他其實是主要兩個東西，第一個是他把傳統的再重新消化、重新編新的樂器，另外他又再重新作詞作曲，我認為他好像有一點點過去的東西，其實又有一些新的東西，我覺得他的東西其實有一些消化，所以那個時候我覺得他的東西滿有意思的，滿有價值的。當時他過世的時候，《民生報》有一個很簡單的報導，我就把它剪下來，從那個時候我就開始作剪報了，一直到今天，剪報的動作是沒有停的，因為我想要一些東西嘛，我就會剪報，這是第一個影響我後來一直有剪報的事情，也就是吳盛智的事情，72年底，我其實是高四（楊國鑫1.txt: 55-91）。

　　從那時開始，楊國鑫就存在著這種客家研究的使命感，一直持續著，要把客家研究當終身的志業。[12] 楊國鑫進入客家研究的世界相當早，也相當年輕，進入的方式也有一點特別。但是，這可能也是年輕人進入客家研究最有吸引力的一條路。民間客家研究相當程度反應了臺灣社會民主化、本土化的發展過程與氛圍，起心動念之間所具有的客家使命所牽動的研究，即是一個以實作知識為研究對象的典範。

五、如何做客家研究

（一）重視資料

　　本文所訪問的這些民間客家研究者，除了熱情之外，還有一些值得強調的地方，他們的研究重視經驗證據，他們都有搜尋與閱讀學術資料的能力，例如日文材料或古文書，他們也同時具備作為一個學者

---

12 「我吃飽沒事幹，就是這樣子想，我真的是沒有在想別的，一直到今天，所以，很清楚的今天來看這個問題，做客家是我的目的……，從頭到現在，所以，只是很單純的，所以，為什麼我可以，我也願意把它十年、二十年、三十年來做，意思就是，那個就是等於我們講的終身的志業啦」（楊國鑫2.txt: 208-213）。

所需的，解讀資料的素養，這些都是成就客家研究的重要因素。民間客家研究者普遍都具有這樣的能力，而這些元素卻正是年輕學子所最缺乏的部分，[13] 以下是黃卓權先生的一段訪問：

> 淡新檔案中關於客家的部分很多，一個研究單位，若能擁有一套淡新檔案微卷，對教學也很有幫助。……總督府檔案從1895年攻打臺灣時，就開始做紀錄，派很多軍人、警察、公務員，對人情風情的紀錄查得很清楚，類似現在的人類學研究，在當時是作為殖民的準備。例如對地方人物、原物料、樟腦資源調查等，都查得很清楚，包括價錢的計算等等很詳細，這是客家研究很重要的方向。總督府檔案保存，很重要的之一，是明治35年前後，做了全臺灣的土地大普查，他們做的土地調查，要民眾交出清朝的地契，並抄寫一份，因此保存了大量老契約書，每一塊土地的編號也都記載在其中，從這些地號，能重建出當年客家庄的環境、地貌，這些資料我也在使用。包括桃、竹、苗地區行政區域的改變，都可以看出。這對歷史學、社會學、人類學或族群、文化方面的研究都很有助益（黃卓權2. txt: 17-34）。

　　相同的，陳運棟先生也提醒我們，淡新檔案對學院的客家研究具有重要性：

> 淡新檔案的撫墾篇……如果年輕的學生要研究地方，我們講要研究臺灣的客家先從本土開始，臺灣都不瞭解你講這麼多都是沒用的。這個地方怎麼開發，要瞭解這地方怎麼發展，你就要

---

13 年輕學生雖然有現代社會科學的訓練，但是對於客家話，客家文化大都不熟，對解讀歷史文獻所需的背景知識也大都不夠，而學院裡懂客家文化的教授太少，民間懂客家文化的研究者又無緣擔任客家學院的正式教職。學院方面應該盡快把民間的客家研究者拉進來，並尋求合作的模式。

有基本資料嘛，這二三十年內客家研究的重點還是在這裡面，因為這一方面的研究還不夠呀，例如桃竹苗地區是怎麼開發的還是很弱呀！（陳運棟1.txt: 418-479）

另外，在黃榮洛先生的訪問中，我們也得到相同的結論。在他的研究中，他相當重視在地的資料。他進入客家研究的取徑是從閱讀日本人討論臺灣的作品開始。例如，從《民俗臺灣》來瞭解客家，他認為日本人根據他們的實地觀察所寫的這些出版品，算是比較深入的作品，黃榮洛先生指出：

我比較喜歡看的還是《民俗臺灣》，還有一本也是講臺灣民俗的，因為這兩本寫得很清楚啊，比較清楚詳細，一般人寫的沒有什麼⋯⋯程度也不夠（黃榮洛1.txt: 390-394）。

我們的訪問對象，都很強調日本時代的資料對客家研究的重要性，尤其有一些是研究臺灣史的學者必須要看的：

伊能嘉矩的《大日本地名辭書臺灣之部》，那是不懂日文的也看得懂，漢字很多，是看得懂的，那當然《臺灣文化志》也是一定要看的，再其次就是桃園廳的《桃園廳志》、《新竹廳志》。《桃園廳志》是不夠看啦，不過《新竹廳志》是很好的，資料很多很厚，你要曉得那個不是日本人寫的，是我們的當地秀才提供資料所寫的，所以是一本相當完整的誌書（陳運棟1.txt: 418-479）。

（二）蒐購古書、做田野

黃榮洛先生說他在做鄉土史的研究時，比較喜歡看的還是日本人寫的東西，歷史資料在這些研究中有其重要性，其日文程度相當好，

有能力解讀日本時代的資料。還有一點值得說明的是，黃榮洛先生認為要到圖書館去讀這些資料相當麻煩，尤其是他個人不在學院裡工作，[14] 所以他採用了另外一種方式蒐集資料，就是到一些收破爛的店裡去找尋有價值的資料。他開創了另外一條找資料的途徑，就是常去破爛行找資料，去找便宜書，這方面他提到：

> 有古物店為了要賣好價，以前那個好的都是以10塊20塊去賣，當時他以為大概很值錢，就以100、200要賣，我買《渡臺悲歌》就是這樣啦！以後房子改建之後，要去買他的古物就很困難了。曉得留的人他就不買了，不曉得的人就準破爛去賣，以後就不賣了（黃榮洛1.txt: 516-534）。

除了這部分「破爛」的資料外，黃榮洛先生還從田野工作中蒐集資料，並讓這兩種資料互相對話。他的鄉土研究，可說是讓書本中的細節與田野中的資料互相對話，他說除了自己去做田野調查外，第二個前提是要看書（黃榮洛2.txt: 251-252）。他從民俗角度切入客家研究，不強調觀念式的論文，他說：

> 我用民俗去研究客家人的生活嘛，生活中去觀察客家人的歷練嘛、還有思想，可以追查嘛，因為遺失，現在資料很少嘛，很難寫啦。……我就知道啊，那些別人寫的都是一樣的文章啊，都是觀念式的文章，寫不出新的東西來嘛（黃榮洛2.txt: 215-235）。
>
> 客家人的民俗我也出了一本，將來有機會再出第二本，現在我也寫了很多沒有出版。現在我們感覺大陸開放以後，我們客家

---

14 這一點的確如此，個人深有同感，特別是一些像衙門一樣的學術機構，就是學界的學者或研究生寫論文，也不容易看到這些資料。中央大學客家學院成立以來，積極蒐集並開放所有資料供各界參考的理想，有一部分是來自於這樣的背景。

的研究會大大的前進，大陸研究客家的還比不上我們臺灣，因為他們的資料受到戰爭的影響，客家的資料都沒有啦（黃榮洛2.txt: 203-213）。

我們在訪問中還發現他對田野方法的見解，例如他說田野調查資料不能隨便修改，例如其中一個調查資料，他說：

> 他們有改寫過。本來要讓我出的啦！□□老師，他是做初中高中的老師，像學生寫來的作文，馬上拿去改。這是我們田野調查的，不能改，記述不順的地方用國文的寫法來改或是矯正過來也可以，怎麼可以改寫啊（黃榮洛1.txt: 588-598）。

這些民間的客家研究者，除了工作的位置外，他們的研究態度，對資料查證的嚴謹，似乎和學界院內的學者沒有差異，如果一定有差別的話，就是學院裡的學者說的比較多，做的比較少。

（三）做，是過程也是方法

進行田野調查是一個方法，也是一個態度，雖然不能說田野資料就是判斷事實與說理的基準，但是蘊藏豐富資料的田野則是許多投入客家研究的人最享受的一環，也是許多資料與證據的來源，我們所訪問的這些民間客家研究者，幾乎全部都是親自去蒐集田野資料，[15] 尤其是面對日常實作知識的探究。在他們的身上，我們體會到客家研究的一些心得：「做」就是客家研究的方法，或者說有些方法就在做的過程中逐漸確立。苗栗社區大學的執行長黃鼎松先生，分享了當初做

---

15 客家研究做田野調查，有其根本的重要性。十多年前當我進入客家研究的領域，就發現臺灣的客家研究雷同性很高，也就是詳細的讀過一兩本之後，發現其他作品也相當類似。那時，一股「非捲起褲管，親自下田不可」的感覺便油然而生。做客家研究固然要閱讀過去的文獻，但是研究並非文獻的傳抄，田野資料的蒐集是不能缺少的一環。

客家田野調查的一些心得，他說：

> 對，先做再說。譬如那時候訪問老人家，那時候很難起頭，帶
> 兩斤老人家喜歡的茶⋯⋯，其實田野調查就是要放低身段。所
> 以就這樣寫了三十多萬字，後來集結成三本書，這三本書後來
> 也就是⋯⋯，過去苗栗縣文化局長叫曾光雄，他說我這資料沒
> 有分門別類不行，所以，這三本是我資料裡最早寫的三本書，
> 就是《苗栗史蹟巡禮》、《苗栗開拓史話》、《苗栗山水記
> 事》，這三本都是從《中原週刊》裡的文章彙整出來的，當時
> 出的時候，早期的文史資料以文字為主，我那時候在每一本都
> 放了相當不少的照片（黃鼎松1.txt: 63-70）。

當然，田野有很多變形，客家研究的「做法」也有很多方式，還
是大學生的時候，楊國鑫先生就自己摸索著客家研究的路線，後來許
多進入客家研究的人也選擇這樣的取徑，他說：

> 大三、大四，後來我發現很奇怪，怎麼很多人都走我的路，去
> 拍那邊，他可以循著我 [的路] 然後就拍一些紀錄片，後來他
> 們那一票彭啟原的那票人，到全臺灣各地去拍，那很多東西都
> ⋯⋯有我的影子吶，我是這樣看啦，後來，他們當然是從這裡
> （指著《臺灣客家》的書）看的沒錯啦，後來臺視「鄉親鄉
> 情」⋯⋯，1988年好像母語運動遊行之前，省政府新聞局就馬
> 上在臺視開了一個節目，半個小時吧，叫做「鄉親鄉情」，也
> 有一些東西，就像去彰化去南投，跟我走的路好像很像（楊國
> 鑫1.txt: 322-329）。

楊國鑫先生是一個有實踐力的年輕人，他除了騎著摩托車去探
險、去做田野外。在大學時代就想推動客家社團，但是像客家研究這

樣的社團在當時還是一件敏感的事,雖然沒有充分的理由說不能設立,但是就是不容易設立,那時楊先生在他所就讀的逢甲大學嘗試申請設立客家社團:

> 那時候這個事情還是敏感事情,其實民國74還是73年,我就是申請社團,上面人告訴我,你就是要依規定,要寫企劃書,要有三十個人,我就是照他的辦法去做,就是不准,絕對是不准,某種敏感所以他不會准啊,所以沒有辦法(楊國鑫1.txt: 228-256)。

雖然社團的申請不成功,楊先生對客家的興趣並沒有減低,他轉向當校刊記者,之後更進一步的對客家做一些深入的報導,並在張致遠先生當社長的《三臺雜誌》寫稿,就這樣開始累積了許多與客家論述相關的作品:

> 大二我就去逢甲校刊,……寫了五、六十篇的新聞稿,……然後同時就在《三臺雜誌》寫稿,在大二、大三,同時我也做跟客家比較有關的深度的報導,比如說假設他有一個活動,那我前幾天會做功課,然後呢,類似我也想好題目,到那邊再問人,我就會做深度的報導,類似我寫什麼叫客家話,臺灣的客家話初探,像這樣子的文章,我用研究的概念,我去把關於臺灣客家話的書都看一看,就是類似深度的報導的這個概念,告訴別人,自己把它當作研究又當作新聞報導的一個這樣子結合的東西,去告訴人家,因為我就發現我看到的東西不太一樣啊,我有這樣子的想法,那我應該把比較實際的、貼切的東西寫出來啦,主要的就是跟客家的東西是直接關係的(楊國鑫1. txt: 228-256)。

做田野是「做」，推廣社團、參加社會運動也是「做」，寫作投稿也是「做」，「做」對客家研究來說是很重要的，它是客家研究的過程，也是客家研究的方法，「客家研究是做出來的」。

六、民間客家研究者的平臺

客家研究者的論述與發表平臺，相當程度的決定了客家研究的發展。在客家學院還沒有成立之前，除了中央大學客家研究中心發行《客家文化通訊》之外，[16] 與客家議題相關的研究，都與其他臺灣研究的論述在相同的平臺上發表，民間學者的論文與作品固然也有許多發表在像《苗栗文獻》、《新竹文獻》或《臺灣文獻》這樣的地方，但是有幾個重要的客家研究平臺，對於這段時間民間的客家研究者來說，顯得特別的重要。例如，《三臺雜誌》、《中原週刊》和《客家雜誌》。這幾個雜誌，培養了許多客家研究的寫手，他們在這些客家議題性質很強的平臺上，發表了很多客家研究的成果，許多傑出的客家研究人才也在這個時候逐漸浮現。這些平臺在民間客家研究者的發展過程中，具有重要的意義。

前面提到黃榮洛的客家研究，一開始的時候他除了得到鍾肇政的幫忙外，有幾個發表的平臺，對他而言可說也是非常的重要，他說：

> 實際上那個時候給我們勇氣的是鍾肇政先生嘛，……我的第一篇在報紙上登的是關於姜紹祖的文章。我聽說他的大名（鍾肇政），電話號碼、地址都問到了，打電話去給他，告訴他我是誰，想研究鄉土的歷史，我現在寫好一篇文章……，他說你馬上拿來，他說他對姜紹祖的文章有興趣，叫我馬上去找他，我

---

16 學院內的刊物，主要是中央大學客家研究中心發行的「客家文化通訊」；後來是中央大學客家學院與交通大學客家文化學院合辦的《客家研究》半年刊。

是得到他的鼓勵，就去了。那個時候，我也很苦，去找他也沒有帶什麼禮物，去他那邊，他說你的文章拿過來，他就看看，很快看完，他就放在旁邊，然後就問我，你幾時開始做這個，聊一聊，他說我可以回去了，這篇文章他會處理，我想他給我處理，大概就是幫我改啦，我回家後就等著他寄回來給我，等了十天了都還沒寄回來，但是等了十幾天後，那個時候我就買《民眾日報》，哦！《民眾日報》登了我那篇姜紹祖的文章，一次就登完了，差不多四千字。我想我的文章在大部頭的報紙副刊上出現，心裡很高興，以後我就繼續寫，寫了大概四、五篇，他有幫我處理啦，到後來我自己熟了，我自己去投稿它就登嘛，以後那個《自立早報》，我寄去它也會給我登，那個是本土的，它有興趣登。以後最喜歡登的還是《臺灣時報》，現在沒有啦，那個編輯對我的文章有興趣，後來《臺灣時報》停掉了，我覺得很可惜，就是這樣子啦（黃榮洛2.txt: 41-80）。

除了在《民眾日報》、《臺灣時報》外，一些鄉土性質的雜誌也是發表的平臺，例如當初我有先寫短文，寄去《臺灣風物》雜誌，他也很樂意見我的短文，頭份的那個張致遠，我們稱他張社長的，他辦這個《三臺雜誌》，陳運棟先生就跟我說：「黃先生，我們這裡有《三臺雜誌》，但是沒有錢發稿費，你來投稿的話很歡迎」（黃榮洛2.txt: 41-80）。

我盡量給他們文章啦，《中原雜誌》他們想停刊的時候，我希望他們不要停刊，我說盡量給他們文章嘛，結果後來沒有了，我就給比較多文章給《客家雜誌》（黃榮洛2.txt: 190-201）。

黃榮洛先生的研究顯現出他非常關心生活周遭的地方，他寫了很多新竹地區的文章，和楊國鑫先生所說的一樣，都是從身旁的，日常的現象開始，這是重要的一個關懷，也是重要的研究取向：重視周遭的生活世界。他說：

曾經有苗栗雜誌的許運得先生問我要不要去繞臺灣一週做田野調查？我說開玩笑，我們祖宗的事都沒辦法做完了，談不清、查不清了，你要去那不認識的地方，去問什麼？知道的東西，大概都有人發表了（黃榮洛1.txt: 458-464）。

對客家寫手來說，鄉土、社區與客家議題本來就是可以連在一起的，甚至有時候還可以在彼此之間畫個等號。因為這幾位作者本身所具有的客家背景，所以他們的鄉土關懷，地方性的社區研究，後來也都和客家研究牽上了線。

相對於黃榮洛先生，黃鼎松先生的平臺好像又寬了一些。黃鼎松先生擔任過國中校長，所以學校可以說是他的一個重要平臺，除了國中以外，在退休之後則以苗栗社區大學為另外一個鄉土研究的基地，或客家研究的平臺，除了開課吸引了一些志氣相投的人士之外，他也通過這些網絡在苗栗進行許多客家文化調查。另外，在苗栗地區非常重要的《中原週刊》也是他主要的發表平臺。在這些重要平臺上面，黃鼎松先生充分展現了他在客家研究的才華，他說：

大概在民國60幾年的時候，因為帶學生去做鄉土實查，讓他們去瞭解自己家鄉的情況，可以說是一個開始，但是真正深入去探討應該是在民國72年的時候，那時候苗栗有一個叫做《中原週刊》（黃鼎松1.txt: 46-61）。

《中原週刊》是一個重要的客家研究的平臺，前面提到的龔萬灶先生的《客語辭典》的編纂也是受到中原週刊社的鼓勵，關於《中原週刊》的這份刊物：

大概民國54年左右創辦，叫《中原月刊》，後來改為週刊，他那本寫得不錯，完全是由客家人來做。那時候有闢一個地方專

欄，一星期一篇，一篇大概一千五百字，我就幫他們寫，也要去採訪，所以我就一寫寫了四年多，兩百多篇文章，這對我是一個很好的打工的機會。苗栗大多是客家人，這本雜誌實際上是介紹一些苗栗客家地區各方面的事情，寫文章的這四年來說，兩百多篇文章，就有兩百多個點，禮拜一寫稿，禮拜六、禮拜天當然也會很痛苦……，那時候不知道怎麼會有這種憨膽、傻勁，做不好就要開天窗，每個禮拜還是要趕快想，包括山川文物、民俗、寺廟、古蹟，一些想得到的，這個其實是個很重要的開頭。那個時候其實也不知道田野調查怎麼做，自己……（黃鼎松1.txt: 46-61）。

黃鼎松先生說《中原週刊》辦了二十幾年，它是老客家，應該是最早的（黃鼎松1.txt: 236-240）。這個平臺造就了苗栗地區的民間客家研究者，使這一波臺灣鄉土研究熱中，苗栗沒有缺席。除了地方的雜誌，官方的鼓勵也很重要，就像楊鏡汀先生在新竹受到范振宗縣長的鼓勵一樣，在苗栗的狀況是：

那個時候的民政局局長，也為客家文物做了調查，邀了許清明、楊政男、龔萬灶，他們三個人就是一個group，所以當時我們把苗栗的傳統客家去調查，那本書出來了，剛開始是地方文史，後來也就是客家的東西，當然對客家人，還是要多瞭解一下，越做越有經驗。後來曾光雄就說把那三本書印出來，鄉親們一般反應都還不錯，有史以來苗栗沒有人出這種書，因為像以前文化局也沒有（黃鼎松1.txt: 72-79）。
這三本書之後，後來到民國80年、81年的時候，那時的教育局長黃新發先生，他很重視本土教育，所以他就……，他的教育推展分為三個，第一是鄉土教材的編印，第二是鄉土語言的推廣，第三個是鄉土技藝推廣，鄉土技藝就是舞龍舞獅之類的，

語言就是閩南、客家、原住民語言等等。鄉土教材就是要我負責去編，推動的話，當初就給他編了六本介紹苗栗縣的，也不限客家，不過裡面其實大部分是客家的。那有六本，兩套。所以後來就慢慢參與地方志的編纂，所以我有幾年幫忙編包括苗栗市志、公館、頭屋、銅鑼，擔任幾個鄉鎮志的總編……，自己是客家人，比較……（黃鼎松1.txt: 99-106）。

相同的，這些客家研究的成果，也是在關心鄉土的情形下水到渠成，關心地方的鄉土研究，很自然就進入客家研究領域的基礎。在這些研究過程中，「認識很多鄉親，滿不錯的。所以後來到1995年左右，就開始編18本，每個鄉鎮編一個小鄉志，總稱叫《錦繡山城苗栗》，一套18本」（黃鼎松1.txt: 108-110）。除了平面的媒體，公視的「發現客家」節目，也是黃先生重要的活動平臺：

到民國88年我退休以後，提早退下來，退下來以後到社大上課，開課就是另外一個階段。[17] 那時候公視邀我去主持一個「發現客家」的節目，一共兩季，26集。26集訪問了全省二、三十個客家社區（黃鼎松1.txt）。

黃鼎松先生說，後來接受各地的演講邀約很多，漸漸累積了許多客家研究的成果，特別是他在這些演講之前，都會「比較詳盡的自己先寫稿，講的時候可以照稿。其實鄉土的東西或客家的東西，都成為研究的對象」（黃鼎松1.txt: 152-154）。在這些平臺上，黃鼎松先生累積了非常大量的客家研究成果。

前面我們已經討論過張致遠先生進入客家研究的路，現在我們從平臺的角度再來分析一次，將更加清楚。民國74年他創辦了一個本

---

17 黃鼎松先生目前是苗栗社區大學的執行長。

土性的《三臺雜誌》。[18] 該雜誌並未定位為客家雜誌，而是以全臺灣為關心的對象。這種情形可能和黃榮洛先生、楊鏡汀先生等等在投入客家研究初期的心情相似，關心的是臺灣作為一個整體，鄉土作為討論的對象，客家並非特定的討論對象。張致遠先生指出：

> 《三臺雜誌》創辦的緣起是這樣子，我跟陳運棟、黃鼎松、張強等，那時候我們在頭份餐廳裡講到想說要替故鄉創一個刊物，原本定的題目叫愛我苗栗，當時覺得格局太小，就如同剛剛說的，三臺的意思是指北臺、中臺、南臺。這個議題提出來之後，接下來要推選發行人，當時只有我沒有擔任公職，他們全部都有工作職位。有校長、主任、特派員、調查站的稽查員。怎麼可能再擔任發行人一職，那時候是不允許。結果這重任就落到我身上（張致遠.txt: 268-275）。
> 因為我想知道臺灣本島，包括客家、福老、或者是全部的族群都有涉獵到，因為我們關懷本土，沒有這個土地，就沒有這些人。沒有這些人，你就不可能發展出新的文化，發展出快樂新的家園。那時候參與的人都是臺灣的菁英！例如鍾肇政、陳運棟、李喬、劉還月、張典婉⋯⋯等等都是，那時候我們已經都聚在一起，而且也已經有了共識。當時《三臺雜誌》得獎，省新聞處僅補助五千元，象徵性補助，當時許多報章媒體，例如《新生報》都說這是全國最好的鄉土雜誌，我們是拋磚引玉，想喚起大家對本土那種愛的共識與關懷，而事實上那個時代並不宜，非常艱難的過程（張致遠.txt: 149-165）。

張致遠先生沒有把《三臺雜誌》定位為客家雜誌的性質，但是這

---

18 《三臺雜誌》創辦之時，臺灣已經有一些類似的雜誌，例如：苗栗的《中原週刊》，黃厚元老師在桃園楊梅地區的《人與地》，南部的《月光山雜誌》、《美濃週刊》。這些客家研究的平臺上面有哪些客家研究者，他們如何進行客家研究？則是另一個值得討論的議題。

個平臺卻引發了他對客家的興趣：「辦了三年《三臺雜誌》，發現客家研究比例佔得很重，才深深發現到客家世界原來是這麼的多元」（張致遠.txt: 50-83）。

創辦《三臺雜誌》是張致遠先生進入客家領域的第一個轉捩點。拍攝電視節目「鄉親鄉情」可能是第二個轉捩點。民國78年，臺視開播客語節目「鄉親鄉情」就是由他製作的：

> 民國78年，臺視剛好要開播一個節目叫做「鄉親鄉情」，而我又一頭栽進去，我為的只是替客家服務，根本不計較個人酬勞以及自己的將來，沒想到一口氣就拍了543集，整整花了十年六個月。那個影響力是很驚人的，提升客家人的尊嚴，讓客家人對自己有認同感，而且也激發出許多的鄉土教材、鄉土音樂的誕生（張致遠.txt: 149-165）。
>
> 543集，沒有開過天窗，每個禮拜天30分鐘的節目，全省巡迴採訪，還有跑東南亞、日本、美國、大陸各地區的客家鄉親。做這節目讓大家對自己族人有所認同，一個客家族群的認同。後來這個節目因為精省而結束，但那十年半之間我們留下了很多珍貴的文獻資料（張致遠.txt: 94-107）。

除了「鄉親鄉情」外，還有「風景線上」、「福爾摩沙」等電視節目，都是張致遠先生展現才華的平臺，在這些節目的製作與拍攝過程中，他累積了許多客家的人脈、資料、知識和心得。

七、結語

雖然客家學院設立的歷史很短，但是客家研究已經進行很長的時間。過去，有些客家研究是夾雜在其他的議題中，或者僅僅是增加了一個客家變項的分析，少有以客家研究為宗旨，或具有客家意識、客

家族群關心的客家研究。如果有，絕大部分都是由民間的客家研究者所進行。這些民間客家研究者的研究都有一個特質，除了證據充足與意義詮釋豐富外，更重要的是這些研究都具有深層的客家關懷，有些人還以之作為終身的志業。他們的研究說明了一個理想的可能性：「客家學作為一門新興的學科，應該同時兼有社會學三大傳統的特質：實證的，講求客觀研究的態度；詮釋的，注重意義脈絡的理解；反思的，強調社會合理性的理想」（張維安，2005）。

　　他們的研究特別體現出以實作知識作為研究對象的典範，客家學的要素首重對於社會公平合理的關懷，對於客家族群研究的興趣以及對社會的關懷。帶有客家族群關懷的客家研究，並非就是主觀的或意識型態的廣告與宣傳。說明研究者的價值關懷，正好可以對抗披著客觀外衣的研究者，偷渡個人的價值喜好。本文所訪問的八位民間客家研究者，進入客家研究領域的緣分並不相同，有些是從原住民的關心開始，有些是從鄉土教材著手，有些則從臺灣文學與客家歌曲切入，甚至還有從編寫家族的族譜開始，但是由於他們的客家身份，以及他們居住在客家社區的事實，使得他們最後都邁向客家研究的領域。他們進入客家研究的理由雖然不同，但是都有一份對社會的關懷，以及對知識的真誠，研究者的熱誠不但不影響客家研究，反而是鍥而不捨的動力來源。

　　客家研究的典範還沒有形成，這些民間客家研究者的摸索，卻提示了許多可能的方向，他們都強調田野資料和文本資料對話的重要性，例如強調古文書、歷史檔案的閱讀能力，但是也凸顯出田野調查的重要性，尤其是兩者之間的對話。不過細究其研究方法的細節，他們都比較疏於深入的論述其方法論的預設，另外，在田野資料和理論架構對話的部分，這些民間客家研究者似乎也不太有興趣。訪談紀錄中，只有陳運棟先生提到觀點或理論架構的重要性。[19] 這一點值得學

---

19 這方面陳運棟先生曾經解釋施添福先生的一些觀點對他所具有的意義：「施添福先生他對臺灣史的研究

院內的研究者和民間客家研究者進一步的合作，也許不一定要應用既有的理論來解釋什麼，最少可以循著「紮根理論」的思考（Strauss, 1997），由下而上，從經驗世界逐漸提煉出客家研究的概念和理論。學院應該要加緊腳步「把民間學者拉進來」。

（本文初稿題目原為〈把民間學者拉進來：臺灣民間客家研究者的研究取徑〉，曾經發表在2005年全國客家學術研討會）

有很大很大的貢獻。關於清代的研究，他提出三個人文地理區的觀點，漢墾區、保留區、隘墾區，這個觀點可以解釋很多史料的問題，……我在寫《頭份鎮志》的時候，……到了日據時代我就不知道該怎麼寫了，所以就沒有統合的概念了，如果當時有這個架構可以看的話，就可以比較了解這個史料有什麼意義，統合的話就可以比較有系統的討論事情，所以歷史還是要有觀點，要有理論架構」（陳運棟 1.txt: 418-479）。

參考資料

Strauss, Anselm and Juliet Corbin (eds.), 1997, *Grounded theory in practice*. Thousand Oaks: Sage Publications.

張維安、張翰璧、傅寶玉，2004，「臺灣客家研究者研究歷程口述資料採集計畫」（張致遠先生、陳運棟先生、黃卓權先生、黃鼎松先生、黃榮洛先生、楊國鑫先生、楊鏡汀先生以及龔萬灶先生之訪談逐字稿）。中壢：國立中央大學客家學院。

張維安，2005，〈客家研究與客家學的構成要素〉，《客家學及整合計畫規劃工作坊》論文。中壢：國立中央大學客家學院，2005.2.25。

客家研究議題：多元、凝聚與比較研究

摘要

　　客家研究議題涉及廣泛，本文僅針對幾項重要的觀察加以分析。
（1）首先說明臺灣客家研究浮現的社會脈絡，從多元文化的發展來
看，客家研究既是多元文化趨勢的產物，也是建構臺灣多元文化社會
的動力；（2）分散與聯繫則是客家族群的另一特質，如果遷移是客
家族群的特質之一，那麼分散與聯繫所牽涉的客家族群建構則是其另
外一面的表現，客家族群分散在世界各地而又強調彼此連帶的現象，
比華人中的其他族群還要明顯；（3）客家族群內部差異大，但是客
家意識的凝聚相當強，這個分散廣、內部差異性大的客家族群，如何
強調彼此的聯繫，並建構起普遍的客家族群認同，除了許多文化因素
之外，也許需要更多政治經濟學的研究；（4）比較分析的重要性方
面，「比較研究」在客家研究的重要性除了瞭解當地客家特質外，做
區域之間的比較等等也很有意義，特別是海外客家研究有助於分析客
家族群特質的變與不變，它是客家研究中不可或缺的一部分。

關鍵字：比較研究、客家議題、分散與聯繫

一、前言

在臺灣，客家的定義，客家研究的正當性，或者客家學的提出，不只牽涉到一個新學門誕生的爭議。客家的定義、客家學院的設立，還牽涉到我們如何看待臺灣社會，及臺灣社會如何看待客家。近十年來在臺灣歷史與文化研討會中，臺灣歷史學會的年會裡，甚至臺灣社會學會的年會裡，都出現了客家研究的論文，在這些學術研討會中討論客家研究的成果，無疑的豐富了臺灣社會的多元性，並提供反思漢人社會研究的限制。在臺灣，客家研究的議題受到學界的重視是近年來的事，客家研究及其機構的正當性甚至還停在選舉支票，沒有得到學界的支持。

客家研究議題面向多元，本文僅針對幾項觀點加以分析。首先順著客家研究的認知旨趣，說明客家研究的性質，並指出它和臺灣多元文化社會建構互為因果的關係；其次是客家族群的特質，尤其是其既分散又聯繫的特質，比起一般華人而言似乎相當突出，這個分散又具有內部差異性的客家族群，如何聯繫起來，並建構起普遍的客家族群認同？或如何逐漸地建構出一個客家族群，無疑是一個嚴肅的理論議題，也是歷史性與經驗性的議題。第三是關於比較分析在客家研究中的重要性，客家族群在空間上分布廣，各地客家特質並不相同，進行比較研究，有助於認清客家族群的特質。

二、多元文化與客家研究

過去所謂客家研究多數包含在漢人研究或華人研究裡面，並沒有區分開來，例如 M. Cohen 在美濃做博士論文，雖然研究的對象是客家人，但可能只是作為漢人社會的一個案例，不是因為要做客家族群的研究。相同的，一些關於東南亞華人研究，雖然實際上研究對象是客家人，但是他們是作為華人被研究。嚴格來說，這些並不是本文所

謂的「客家研究」。近十年來,客家研究受到許多重視,相關的研究漸漸多了起來,其原因不易簡單說明。一些個別的理由雖不能說完全無關,例如選舉時政黨的族群政策,或某位熱心客家研究的學者的推動等。但從長期的發展觀點來看,臺灣本土化運動的發展,與客家意識抬頭之間有一定程度的關係。臺灣本土化運動某種程度也是世界趨勢的一環,這個全球性的本土化運動趨勢背後,與多元文化理論的發展有關,甚至與系統的檢討西方凝視其他社會的想法有關。就像一位年輕的研究生在她的論文中問到:「這與近幾年逐漸興起的客家文化復興運動相關嗎?但是我自身並沒有接觸過關於客家文化運動的經驗,卻也還是有著迷惑;但若沒有這些相繼而起的運動影響到大環境的鬆動,能夠產生相類似的社會背景來觸發我這些思維嗎?」(余亭巧,2004)大環境的鬆動、語言政策的影響與新興社會運動的興起,尤其是對本土化的重視與提振,也帶動了客家意識的覺醒(曾金玉,2000;范振乾,2002;余亭巧,2004)。王甫昌(2003: 133)也指出:1980年代因政治反對運動鼓吹「本土化」的刺激,許多客家人開始正視客家語言與文化流失的危機。

臺灣客家族群從過去做為一個隱形的族群,到反省自身族群之所以隱形的原因,以及所面臨的迫切問題,都牽動客家研究的需要性。這些迫切的問題有「客家話大量流失,客家文化即將滅絕;重新建立歷史的詮釋權,讓被扭曲的客家形象,還其歷史面貌;建立民主公平的政經體制,爭取客家人的合理權益;重建合理的族群關係,以作為新的社會秩序的基礎」(徐正光,1991: 7-9)。因為客家族群合理地位之取得,並非客家族群個別的問題,它還牽涉到整個社會之發展,客家議題的深入討論,顯得需要針對客家文化以及更大社會環境的深入研究。這種現象,某種程度也呼應了更大的趨勢,例如「二次大戰以後,亞非洲許多前殖民地國家獨立,世界性的移民模式也由過去主要是歐洲、南美之間的流動,轉變為由亞洲、非洲移往美洲、歐洲及澳洲的多元文化模式,使得世界各國的族群組成趨於多元化。而且各

國同化政策在實施相當時間之後，往往都無法達成最初承諾的族群平等理想。以上這些因素都造成了1970年代以後，全球各地『族群意識復甦』，使得許多國家中的少數群體，轉而要求國家協助保障平等的政治經濟權利以及獨特的語言文化」（王甫昌，2003: 38）。

客家委員會的設立，客家電視臺與客家學院的建立，相當程度的應該作為公民文化權論述的展現，對於弱勢族群而言，這是權利（right）不是施捨，多元文化的概念，提升到更積極的文化公民權的層面。從電視媒體觀之，以商業掛帥的主流廣電媒體之中，弱勢族群的傳播權並未受到照顧，媒介內容，甚少以弱勢族群觀點出發，以母語（尤其是客家以及原住民語言）製播的節目更是稀少（陳清河、林佩君，2004: 61）。所以客家電視臺的設立，應視為客語族群文化權的一部分，客家族群作為這個社會的公民，客家電視臺的設立應視為客家文化公民權的一部分。

在這個大的趨勢之下，地方文史工作者所進行的議題或是在學術殿堂的研討會中，地方性議題與本地文化特質的討論增加了許多。「邊緣性議題」在學術討論中漸成顯學，族群之間的異同與過去被視之為當然的族群政策，都成為研究與反省的對象，並試圖去揭開「殖民霸權與知識生產的相互鞏固關係」。[1] 客家研究的數量漸漸的多了起來。[2] 族群關係漸漸受到重視，客家研究作為社會與學術研究的議題，有其一定的歷史與社會脈絡。

---

1 這方面可參考 Edward W. Said 所著《東方主義》之相關觀點。

2 究竟數量增加了多少，需要加以統計，單就2003年後半年一小段時間的觀察即可得到非常驚人的印象：2003年6月到年底的研討會，中央大學客家學院主辦或協辦的會議，論文已經相當多。例如：2003年7月16日的關懷與實踐：新世紀客家研究省思暨賴澤涵教授榮退學術研討會（中央大學文學院國際會議廳）、2003年10月25-27日的全球客家地域學術研討會：原鄉、臺灣、東南亞及世界的客家論述（臺灣師範大學校本部國際會議廳）、2003年10月19日的關懷與期許:客家電視對社會之影響座談會（臺大法學院國際會議廳）、2003年11月29日第三屆 [客家研究] 研究生學術論文研討會（國立中央大學文學院國際會議廳）、2003年12月13-14日的客家、族群與多元文化學術研討會（於苗栗雪霸國家公園管理處）、2003年11月23-24日的鍾肇政文學國際研討會（在龍潭鄉渴望園區）。中央大學以外的學術單位，例如在中國的梅州，鄭州幾乎在同一個時期也有好幾個研討會，這些研討會有相當多數量的論文。另外，臺灣歷史學會2004年5月的學術研討會也以臺灣客為主題。此後，每年有增加的趨勢。

客家研究的發展，意涵著客家文化的發展對社會的豐富性、多元性是正面的，社會價值觀是「多樣性」對社會是好的。這方面，浦忠成（2004: 45）說：「用生態學的話來說，就是：最多樣的生態系，便是最強健的生態系。……而這樣的觀念用在人類的發展上，便是：人類在地球上之所以得以欣欣向榮，便是因為人類有能力發展多樣的文化，去適應各種環境……。多樣，若是人類茁壯的前提，那麼保存語言多樣的面貌，便是人類茁壯下去的必備條件，因為語言正位在人之所以為人的中心點上。……語言一死，人類的知識遺產，損失大矣。因此，維繫與發展多元、多樣的語言文化，將是臺灣社會持續茁壯的基本力量。弱勢族群擁有自己的，也是大家的媒體，是建構多樣文化與價值的起點，而彼此尊重、存異求同、設身處地的開放態度，允宜為永續經營的原則」。這裡的概念是多樣性對整個社會是好的，因此，期待、呼籲「多數者」為了社會的多元性，而重視少數的，弱勢的文化和語言。「多元文化論是源自近代族群衝突與新興社會運動的抗爭過程中，社會中的弱勢團體如少數（或弱勢）民族、宗教、婦女、同性戀團體等抗議他們被白人、主流教派、男性、異性戀的普同標準規範所壓抑，批判社會對他們採取貶抑或排斥的制度或觀念，要求在公共領域中應正視他們的差異，並給予肯定以及保障差異的權益和作法」（張錦華，2004: 37）。此處所強調的「要求在公共領域中應正視他們的差異，並給予肯定以及保障差異的權益和作法」，超越了「強調維持弱勢的語言文化能夠豐富整個社會，企圖從對整體有益的角度取得社會的支持」的觀點，已經從弱勢族群本身的權益之強調，弱勢團體的文化、語言之基本保障，漸漸提升到應然的層面，這一切發展都和臺灣多元文化社會之浮現，密切相關。簡而言之，客家研究最好能放在一個較大較寬的社會脈絡中來理解，行動主體的能動性與社會解構的可能性與限制性的分析也是必要的。

三、分散又聯繫的特質

　　客家族群的移民性格雖常被各界所提起，不過嚴謹且具有說服力的研究成果不多。談到客家的移民性格，就會討論其相關的特質：「既分散又聯繫的特質」。過去客家研究的相關著作中，關於客家族群所具有的移民性格，多數與客家族群的遷移有關，客家族群的遷移甚廣，包括在中國大陸內的幾次遷移以及向海外的移民，未成為客家之前從中原至客家的原鄉，再從原鄉到四川、廣西、臺灣，乃至於海外的東南亞，甚至南亞、大洋洲、美洲等。長時期以來客家所呈現的移民現象與全球分布情形，可說是客家研究首先面對的，客家族群的分布穿越地理的疆界，穿越國家的疆界，也穿越族群的疆界。在華人的社群中，不是說別的族群沒有移民，或沒有分布於全世界各地的現象。但是進一步看，不論是在中國大陸內部的移民歷程，或是在海外的移民與分布，客家作為一個族群，比起其他各族群在移民與分散方面，所表現出來的現象是相當特別的，基本上這些現象與各地客家族群的特質有密切的關係。中國大陸內部的客家人之間，彼此有異，中國大陸與臺灣的客家人之間並不相同，中國大陸的客家與臺灣和東南亞的客家，乃至於與世界各地的客家之間也不一定一樣，客家族群之內所謂的族群特質也因此有異。

　　有些學者把客家比喻成東方猶太人，例如高木桂藏（1992）在《客家──中國內部造成的異鄉人》一書中，就用「東洋猶太人」、「華僑中的猶太人」。高木桂藏（1992: 21-22）認為：

> 猶太人被羅馬帝國趕出迦南，他們背負著亡國的悲痛。流浪達兩千年之久，然他們一直堅守著猶太人文化和希伯來語及猶太教，第二次世界大戰後的1948年終於建立了以色列共和國。

　　客家人也是一樣，他們自從後漢末期被迫離開北方的故鄉以來，

一直堅守他們的文化和語言，而以有一天能回到中原為其夙願。有趣的是，就在以色列建國後不久（1965），以客家人為中心的華僑們也建立了完全自主獨立的新加坡共和國，誕生了「東洋的以色列」。

從這兩段類比的說明來看，流亡（流浪或遷移）[3]、堅守文化和語言（及宗教）、建國三個特質來看，客家也有建國的歷史案例，例如洪秀全的太平天國，羅芳伯的蘭芳共和國（張維安、張容嘉，2009；2011），不過這幾個案例與猶太人的建國，無法並列討論，其中猶太人的猶太教信仰部分，客家族群所信仰的宗教（例如伯公信仰、三山國王信仰、義民信仰及其他客家族群特色的民間信仰）也幾乎無法相提並論。這幾個特質中，只有前兩者在客家研究方面具有省思與比較的意義，尤其是猶太民族具有相當離散而又聯繫的特色，這方面與客家族群的離而不散，有許多類似性。

猶太人的離散（diaspora），使他們分散在四處，這一點德國社會學家宋巴特（W. Sombart）著墨很多。據說從第一次放逐以來，他們即散布於地球上有人類居住的一切地方，而最近幾世紀的遷徙中，更朝文化已經高度發達的國家遷移，帶來的結果是同一家族的份子移居於經濟生活最不相同的各地中心點，並形成很大的世界商店和無數支店。這樣的散布，對猶太人的經濟活動有什麼正面的意義呢？宋巴特指出了下面幾項意涵：（a）大通信網的意義，「他們散布於世界上一切通商地點，他們變成分布最遼遠的民族彼此交接的工具，因此使人類結合在一種普遍的通信網中：他們是一座大建築物中的栓塞和釘子，他們本身雖很少價值，但為保持整個結構互相聯繫起見，是絕對必要的」。猶太人的這種條件，是支持他們有效的國際營業活動的基本條件。猶太人的傳播通過世界上所有的貿易港來進行，經由他們，距離遙遠的國家可以彼此交談，經由他們，人類被編織到一個大通訊網裡面。猶太人便利用他們分散於世界各處的位置，及所具有的

---

3 目前許多討論「離散」（diaspora）的論文，也與此相關。

知識來為他們取得優勢。所以，「分散又聯繫」的另一個意義便是：
（b）對各地內部清楚掌握。此一特質，使得他們能夠對各城市取得
聯絡，從國內迅速徵集大量的物品。「早期時代的猶太人行動『從來
不是孤立的、個人的，而是分布最廣的世界商業公司的一員』。像十
八世紀下半期，巴黎商人的請願書中所說的一樣：『他們是活貨幣的
一部分，他們奔流不息，在最小的傾向中即聯合為一整體』」（宋巴
特，1936: 721-723）。在這些消息、商業項目和鄉親關係的基礎上，
他們所收到的商業消息，幾乎可說是世界上最好的資訊。立基於此，
每個星期重建他們的系統，在星期天，當所有的基督徒正在舉行著宗
教的活動時，他們已做好聰明的選擇。星期一早上依照各自的性質去
操作。這種「分散而又連繫在一起」的性格，對於資本主義的經濟活
動即使在今天仍然是重要的（張維安，1995）。[4]

　　分散並不預設著必然的連繫，也就是說分布廣並不必然會構成一
個「大通信網」，猶太人之所以能構成這種分散而又連繫的現象，應
有其他解釋的來源，特別是猶太教的教義。客家人在遷移過程中，也
有相當分散的現象。因為這些分散居住，以及與其他族群的互相交織
穿透，客家文化受到相當大的影響，甚至可以說是在這個過程中，才
漸漸地形成所謂的客家特色。客家族群在中國大陸，在臺灣或在東南
亞，與其他漢族的界線並不是清楚可以劃分，外表也非一眼就能辨
識，有些原有的文化也在和其他族群互動過程中相互融合，而不再顯
見其特性。客家人依憑怎樣的緣由展現分散又聯繫的特質？

四、內部差異大，族群意識強

　　本書其他章節已經提過三〇年代在中國大陸以及九〇年代在臺灣
的客家意識形成的結構性條件，不過這些議題仍留下許多需要解釋的

---

4 客家與猶太的分析值得另文討論，此處僅就分散和連結部分加以分析。

現象，特別是在族群之間通婚與混居的現象漸多之後，客家文化與周邊其他文化的對話機會增加很多。內政部統計處民國 91 年臺閩地區國民生活狀況調查資料顯示，客家族群高比例的族群外婚現象，實際上模糊了客家與其他族群的邊界，臺灣客家人的內婚現象比閩南族群的內婚比率（百分之 32.8）低，甚至比原住民族還要低（百分之 12.3）（參見表三）。高比率的外婚現象，使得客家族群的特質相當程度的受到稀釋，跨族群通婚的下一代，其客家認同也有減弱或模糊的現象。從客家族群與其外婚的主要對象閩南族群之關係來看，我們發現閩南族群相對的強勢很多。同一批資料顯示如果母親是臺灣閩南人，父親是臺灣客家人，其子女認為自己是客家人者有 0.7585，認為自己是閩南人者有 0.1934；母親是臺灣客家人，父親是臺灣閩南人，認為自己是閩南人者有 0.8755，認為自己是客家人者 0.0682（參見表四）。這顯示出，如果考慮性別因素，仍然是以父親的認同為主，但是如果考慮族群，則會發現閩南是相對的強勢。客家族群在高比例的外婚情形下，具有客家認同的下一代漸漸地減少。

　　如果以下一代所使用的族群語言代表族群認同來看，客家族群也是相對的弱勢。例如，1994 年徐正光與蕭新煌針對大臺北地區客家人所做的問卷調查竟然發現，在妻為客家夫為閩南的家庭中，竟然完

表三：2002年臺灣地區已婚人口之配偶的族群分布

百分比

全體受訪者族群	配偶之族群						
	臺灣閩南人	臺灣客家人	臺灣原住民	大陸各省市人	外國人	不知道/很難說	總計
臺灣閩南人	86.4	5.5	0.3	6.4	0.7	0.6	100
臺灣客家人	33.4	53.6	0.9	9.8	2.0	0.3	100
臺灣原住民	20.5	4.5	65.9	9.1	0.0	0.0	100
大陸各省市人	53.8	6.7	0.0	35.8	2.9	0.0	100
不知道／很難說	4.5	13.6	0.0	0.0	9.0	22.7	100

資料來源：陳信木（2003: 31，表12）

表四：父母至少有一方為客家籍貫之受訪者的身份認同分布狀況

百分比

母親族群	受訪者認為自己的族群	父親族群		
		臺灣閩南人	臺灣客家人	各省市人
臺灣閩南人	臺灣閩南人		0.1934	
	臺灣客家人		0.7585	
	臺灣原住民			
	大陸各省市人			
	不知道／很難說			0.0481
臺灣客家人	臺灣閩南人	0.8755	0.0220	0.0969
	臺灣客家人	0.0682	0.9780	0.0698
	臺灣原住民			
	大陸各省市人	0.0286		0.6786
	不知道／很難說	0.0276		0.1546

資料來源：陳信木（2003: 28，表11）

全沒有會說客家話的子女。反過來看，妻是閩南夫是客家的家庭中，子女會說閩南話的為百分之28.0。因此，從族群認同以及語言使用，都顯示通婚對於客家族群的認同，有造成弱化的現象（參見表五）。[5]

　　此處不繼續討論客家族群相對於其他族群而言，是強勢或弱勢的議題。通婚、遷移及與其他文化相遇等等，使得「客家」族群在不同的地區或不同的時間，某種程度來說已經發展出彼此之間的異質性，客家不再是一個定義清楚的群體，就是以血統論來認定，也不容易說得清楚誰是客家人或不是客家人。

　　究竟誰是客家人，如何認定客家人的身份，是客家研究中很難定義的一個概念。即便是如此，客家概念在這些客家人群之間卻一直都存在著，甚至越來越清楚，彼此之間的聯繫也越來越強。客家族群的

---

5 暫時的結論。這牽涉到客家文化的轉變，客家文化一直都是在和其他文化的對話中形塑的，客家與閩南婚配，對客家文化的影響究竟如何，需要再進一步討論。關於女性因為婚姻是否帶來一些族群認同的問題，可參考余亭巧（2004）的論文分析。

表五：大臺北地區家庭夫妻組合與語言使用情形

家中最常使用語言	夫客家 妻客家	夫客家 妻閩南	夫客家 妻外省	夫閩南 妻客家	夫外省 妻客家
客　語	83.1	41.1	28.0	0.0	28.6
閩南語	3.9	28.8	4.0	20.0	0.0
北京話	12.9	33.3	68.0	80.0	71.4

資料來源：戴寶村、溫振華（1998: 170）

誕生（即具有客家意識的人群的浮現），要從遠方的歷史開始論述，這個複雜的議題宜另文分析，[6] 本文先就觀念上進行討論。提到客家族群首先牽涉到族群這個概念，楊聰榮（2003）指出，「族群」一詞的傳統用法是，假定一群人具有共同的文化特質，或許是共同的語言，或是共同的宗教等等，可以透過群體繁衍，將共同的文化特質傳遞給下一代。另外，「族群」也有擬制用法，將各種人群的分類比擬為傳統的族群，使用討論族群的語彙來討論人群分類（楊聰榮，2003）。基本上，都會強調其族群的共同性，以作為成員認同的基礎。客家族群方面，實際上各地之間的客家特色很多元，即使在同一個地方其內部也相當多元。以臺灣為例，僅就語言來說就有好幾種，有些從中國大陸來的「客家」學者所說的客家話，熟悉四縣客話的作者一句也沒聽懂。但是儘管如此，世界各處的客家歷年來一直有各種聯誼與結合，這在華人各族群之中是極為特殊的現象。雖不能說華人其他各族群沒有同鄉會或聯誼，但是客家所表現出來的族群認同，分散與聯繫的特質，似乎比其他族群要明顯很多。

　　客家意識的形成與認同的強度，相當程度的與客家和其他不同族群的遭逢與對話有關，特別是和其他族群的遭逢過程，有助於其認同

---

6 請參考本書〈少數族群與主流文化〉這一章。另外請參考施添福（2011a；2011b）兩篇論文。施添福先生的這幾篇研討會論文，後來陸續刊登在國立交通大學客家學院出版的《全球客家研究》（請參考施添福，2013；2014a；2014b）。

的形成。客家族群認同、客家記憶如何形成?[7] 這樣的問題意識在年輕學者中已有許多討論,例如羅烈師(1999)提出以客家形成的問題意識,取代過去學界所關心的客家究竟具有何種特質這樣的提問。實際上,一般社會科學理論的觀點大多傾向於接受建構論的觀點,而非以本質論的角度來掌握「客家」。從「客家的誕生」開始,例如羅香林撰寫《客家研究導論》(1933)與《客家源流考》(1950),其目的是替客家人爭取作為漢人的正統地位,通過族譜把離散的客家人[沒有歷史記憶的個人],建構成一個正統的中原民系[一個分享共同歷史記憶的群體]。「客家」的身世,已有許多不同的書寫,大抵都牽涉到客家社群的建構過程,「過程」是理解客家的密碼。這方面 Benedict Anderson(1983: 6-7)的觀點有助於本文相關議題的思考,他認為「社群只能產生於想像之中,因為往往是最細小的社群中,成員也只可匆促而過、漠不關心;因此,社群作為民族主義的支撐物,也只可能是一種自身的創造。需要驗明的是,這種族群的想像往往把不平等的剝削狀態掩蓋,以民族主義凌駕於社會民生困頓之上」。通過族群的想像,族群特質的建構,系統化的族群意象經營,使原本就在的客家族群得到自我認識的基礎。客家的分散一方面即意味著對於多元的承認,以及自我創新的可能,客家的想像有屬於過去的,但也有屬於未來的。某個程度來說,這個問題可以屬於「如何發明客家文化傳統」的提問。內部差異大的客家族群何以具有強大的凝聚力量,除了文化因素外,可能需要有更多政治經濟學觀點的研究。

五、比較研究的重要性

行政院客家委員會自 2002 年開始邀請學界進行「海外客家基本

---

7 請參考本書〈族群記憶與臺灣客家意識的形成〉一章。

資料調查」，[8] 第一年以東南亞的馬來西亞與新加坡為主要對象，報告中提到一些當地客家特質，與中國大陸和臺灣都有不同，例如在吉隆坡的客家餐館，有些服務已經不提供筷子，飯則裝在盤子裡面。以下是幾則報告中的資料（蕭新煌等，2003）：

> 他們平時在家裡用餐幾乎都用刀叉湯匙盤子進食而不使用碗、筷子，只有在年節全家才坐圓桌用碗筷吃飯，荷蘭人統治的影子仍是看得見，他們都不喝酒，飯吃得很多而且也不浪費，就像我們的父母當年的樣子。飲食方面與我們一樣，口味較喜辛辣，而且煮菜喜歡加五香粉、魚露、黃薑等，不同的是不吃稀飯，因為〔在〕印尼稀飯是病人或老人家吃的。印尼是回教國家，華人久居印尼，難免也有少部分印尼人的習慣，如視左手為不潔，拿東西給別人或指方向不可以用左手，不可以用手摸別人的頭，另外他們害怕大聲說話，因為印尼的客家人生性溫和，他們也害怕拍肩膀或用手槌打肩膀，他們用點頭、搖頭來表達是或不是。
>
> 在坤甸的客家人講四縣話，有很多和我們講法不一樣，如心焦、焙肉、敲電、打淴等，還有我們老早就把它當迷信而忘記的，如送神頭、送鬼、拜月華，對健康疾病觀念仍然很守舊，如食東西注重什麼是熱底，什麼是冷底，出水豆（*sic*）不可以吃鴨蛋鴨肉等。

　　海外客家族群的特質，有許多地方和臺灣客家並不相同。據瞭解，許多客家地區並無三山國王等信仰，可能與其在中國的原鄉信仰有關。另外，一些客家社區的信仰，可能與移出地在地化的過程有

---

8 行政院客委會「海外客家基本資料調查：第一期計畫，第二期計畫」，由中央研究院蔡元培人文社會科學研究中心蕭新煌等執行。

關，正如臺灣客家對義民爺的信仰，有一定的區域性與在地性。東南亞客家族群的信仰，已經有一部分受到其他族群的信仰所影響，例如大伯公之祭拜，以及庭院前面的一些祭拜裝置，像在巴里島居民在戶外的信仰裝置一般。也許東南亞以佛教為基礎的信仰都共享相似的儀式安排所致。除了文化之外，由於所處的政治經濟條件不同，因此，重要的客家議題也不盡然相同。例如，當地客家族群幾乎沒有要求公共領域使用客家話的條件，其在東南亞的社會、政治、經濟的處境，需要從在地的脈絡中來瞭解。例如，需要顧慮華人作為一個整體，在當地面對其他族群時，（客家人做為華人）團結的要求，過度凸顯客家文化，或以客家族群為對象的團結等相關權利的要求（如在公共領域要求使用客家話），似乎並不具備條件（張維安，2003）。

相同的，當地客家族群的社會經濟也與臺灣不同，這可能與早期客家移民從事的初級產業，如錫礦產、橡膠等產業有關。客家人的移民，以做工為主，老闆多半是福建人。這種族群分類與產業區別的特性，是族群特性使然，還是有其他的歷史背景可以解釋？進入東南亞客家研究的脈絡之中，清晰可見沒有什麼特質是「理所當然」。例如馬來西亞客家人居住區的集中性，則與當時居住的鄉村被懷疑與共產黨有關，政府採取了集中管理的新村安置，雖然表面上看起來，有點像是臺灣的眷村，但是所具有的歷史過程卻不盡相同。這方面的「歷史過程」，值得進一步討論。

在客家族群所從事的產業方面，從臺灣客家與閩南的比較分析中，似乎可以得到客家偏向農工，閩南在商業方面的表現比較好的結論。雖然在東南亞也幾乎相似，但卻有許多「例外」，例如，大埔客家，在中藥、當鋪、鐘錶店等產業領域，所扮演的重要性則遠遠的和福建人有所區別，這些都可以從移民過程，當地統治政權的安排等得到解釋。關於當代發展，究竟大埔客家相對於其他客家或其他東南亞的族群，是否有比較特殊的表現，也是值得進行的議題（張維安，2003）。

客家族群文化所具有的互動特質方面，莊英章（2001）教授指出，「某一特定族群應該具有一套整合的文化，而這套文化具有不同於其他族群的特質，它包括了族群內部的文化整合性以及外在的族群互動關係。為了瞭解客家本身社會文化的區域性變異，以及客家與其他族群間的涵化互動關係，向來存在傳統論、適應論與互動論三種解釋」。莊教授進一步說明這三種解釋分別從不同的角度來詮釋客家族群特質的變異性，如傳統論著重歷史文化，認為臺灣或東南亞等客家移民地區文化的差異，可能源自於客家原居地的母文化差異；適應論則採環境適應的假設與解釋，也就是客家移民拓墾過程中，因所面臨的物質、經濟環境不同，而有不同的文化適應策略；互動論所採取的則是文化接觸與族群互動之假設與解釋，認為客家移民與原居土著民族的互動過程中，土著文化可能對客家文化造成相當的影響。因此，將中國大陸和臺灣、東南亞、美洲等海外客家，放在整體的客家研究架構中，海外研究不只是說明當地的一些客家文化特色而已，更重要的是通過比較研究，有助於對其他地區客家特質的確定。就如，在臺灣客家與原住民一直有相當密切的關係，彼此的文化有許多雙向的滲透，通過不同地區的客家文化特質的比較，有助於思索各地客家族群的相同性與變異性，除了提供我們思考周邊族群文化對客家的影響外，也可正視客家本身以及世界各地多元性。海外客家研究基本上就是所謂的「客家研究」的一部分，在客家族群移民、離散、聯繫與凝聚方面，乃至於客家社群的形成與建構之議題上，都具有重要的意義。特別是通過海外客家研究與本地（各地）客家研究的比較，不但可以辨認各地客家族群的特質，也可藉以瞭解客家族群特質的創新與變遷。

更重要的是，海外客家研究（或全球客家作為一個整體的研究）在討論分散與聯繫這個客家族群特質方面，具有經驗上和理論上的意涵。一個多元的，有相似也有相異特質的客家族群，如何在分散於全球各地的情況下，形成一個客家族群的認同，這個客家族群的認同引

力如何建構，所認同的共同基礎如何建立？這裡有幾分族群想像，也有幾分創新。凝聚全球客家族群之歷程與建構，將是接下去要進一步分析的議題。如果移民社會作為客家族的特質之一，那麼比較分析在瞭解客家特質方面，就具有其關鍵性，海外客家研究除了對當地客家文化的認識具有意義之外，作為比較分析的對象也有其重要性。比較研究不只是在跨地域之間進行，不同時間或族群之間的比較也相當重要。

六、結語

　　儘管客家學成為一門獨立的學門仍須努力，但如莊英章教授（2001）所指出，客家學的提出對華人研究可以帶來一種嚴肅的反思，通過客家與其他華人之間，甚至是不同地區客家族群之間的比較研究，能對華人以及客家族群的特質，提出深入的反省。而客家研究作為關於移民社會的研究，比較研究的觀點則具有絕對的重要性。客家學術研究的歷史相當短，有待開發的議題很多，在實證與詮釋的典範之外，必然也會牽涉社會實踐的議題。不同的研究典範會決定研究者關心的議題，也會影響其提問的方式。當前迫切的問題是客家學術機構設立以來，研究生或學者是否依然關心設立客家研究機構時客家界所關心的議題？客家人的集體趨勢與共同命運是什麼？客家族群急於解決的議題是什麼？

　　依目前觀察，這種大結構、長時段與宏觀比較的議題，似乎比較沒有受到重視；學界雖然知道過去生活世界中所存在的客家印象，有許多不符實際，需要學術研究進行實證性說明或詮釋性的理解。例如，客家人勤勞節儉的性格與重視教育的精神，有沒有足夠的研究結論來支持這種族群意象或分析其在不同時代的變遷？許多「刻板」印象似乎還是停留在「視之為當然」的印象，如果能夠系統的運用（歷史）比較研究方法，將能增益客家特質的思索，豐富客家研究的深

度。又如，客家族群究竟是怎樣的族群？客家的稱呼是怎麼來的？客家學界雖然知道有多種說法，但是卻沒有像施添福教授這樣，系統的從歷史文獻、傳教士的作品中去追索，去解讀本貫主義的客家與方言主義的客家之發展脈絡。這些年來客家行政機構關於客家的定義，雖然也找了學者來座談和分享，不過由於沒有足夠的研究基礎，客家、客家人的定義，只能通過座談來完成。客家研究學界對於政策的制訂尚未扮演好應有的角色。

客家研究需要有多種方法論的訓練與廣泛的經典閱讀，特別是要有各種跨學科方法的磨練。「方法」決定我們會知道什麼樣的內容，雖然說：「方法就是內容」有點大膽，但我們必須深刻瞭解方法與內容的關係，用什麼方法就得到什麼性質的資料。例如，使用網路調查，能得到的資料已經由方法所決定也受其限制。相同的，用歷史方法會得到怎樣的資料，用電話調查方法會得到怎樣的資訊，用口述歷史方法來進行可以分析怎樣的問題？方法的運用，相當程度決定了資料與問題的解答。年輕的客家研究者需要多一些可運用的方法，怎樣的工具，成就怎樣的內容。方法就是工具，工具影響內容。就如一位木工不能只有一把銳利的銼刀，該用斧頭或用鋸子，因事工而異，客家研究者需要同時練就多種方法，方能得到多種資訊，以便面對或解答客家研究的多種問題。

客家研究一開始就注定是一門科際整合的學問，需要有整體史觀，對客家文化的瞭解，要能像年鑑學派那樣重視地理空間和各種時間尺度的議題；最好能夠從生活世界的運作邏輯，來思考客家社會史、產經史，還有各種底層的、重要的、與總體趨勢相關的客家議題。不只是辦活動，玩遊戲或抽獎，這些熱鬧非凡的客家活動，固然增益了許多人氣指數，終究可能會像 F. Braudel 眼中稍縱即逝的泡沫。客家研究需要有研究的「觀點」，也許還不能說「觀點就是主張，就是結論」，但是觀點的應用與問題的提出，往往能夠推測論文主張。值此之際，客家研究如果要再深化，便不能缺少相關理論思考

的訓練，以及相關經典閱讀的加強。

　　客家研究也是一門不能脫離現實的學問，客家研究一開始便與客家族群的發展，與臺灣多元社會發展的命運關連在一起。客家學院可以說是臺灣社會運動的成果，也是政策影響下的產物，但客家學術機構一旦成立，便需要堅持學術研究場域固有的內在價值，學術研究要有作為政策智庫的能力，協助有助於多元理性的社會政策之擬定。學術研究也要有平衡政策的見解和勇氣，要能扮演立足於學術基礎平衡政策施作的意義。政府的族群政策，客家文化的政策，都不應該由主其事的官員一個人或少數人說了算數，在學術與政治（政策）的關係中，客家研究宜多思考如何扮演啟發、協助、檢查決策與清明公共政策的角色。

　　客家研究在瞭解人類社會、多元文化、族群關係具有相當的重要性，例如更深入的認識臺灣，或者對過去華人研究成果的反省都有重要的意義。理想上，客家研究不是只研究客家的學問，也不是只關心客家的學問，客家研究關心客家族群的特質也關心全社會的健全發展。

（本文初稿發表於「第七屆臺灣歷史與文化研討會」，2004/2/6。臺中：東海大學）

參考資料

Anderson, Benedict R., 1983, *Imagined communities: reflections on the origin and spread of nationalism*. New York: Verso.

Hobsbawm, Eric, 2002，《被發明的傳統》，陳思仁等譯。臺北：貓頭鷹出版社。

Said, Edward W., 1999，《東方主義》，王志弘等譯。臺北：立緒出版社。

Sombart, Werner（宋巴特），1936，《現代資本主義》，第一卷，季子譯。上海：商務印書館。

王甫昌，2003，《當代臺灣社會的族群想像》。臺北：群學出版社。

余亭巧，2004，《客家女性的族群認同歷程——五位女性客家文化工作者的生命經驗》。花蓮：花蓮師院多元文化所碩士論文。

施添福，2011a，〈從「客家」到客家（一）：一個族群稱謂的歷史性與地域性分析〉，第三屆「族群、歷史與地域社會」學術研討會。臺北：中央研究院臺灣史研究所，2011.9.23-24。

施添福，2011b，〈從「客家」到客家（二）：客家稱謂的出現、傳播與蛻變〉，第三屆「族群、歷史與地域社會」學術研討會。臺北：中央研究院臺灣史研究所，2011.9.23-24。

施添福，2013，〈從「客家」到客家（一）：中國歷史上本貫主義戶籍制度下的「客家」〉，《全球客家研究》，1: 1-56。

施添福，2014a，〈從「客家」到客家（二）：粵東「Hakka・客家」稱謂的出現、蛻變與傳播〉，《全球客家研究》，2: 1-114。

施添福，2014b，〈從「客家」到客家（三）：臺灣的客人稱謂和客人認同（上篇）〉，《全球客家研究》，3: 1-110。

范振乾，2002，《存在才有希望：臺灣族群生態客家篇》。臺北：前衛出版社。

徐正光，1991，〈塑造臺灣社會新秩序〉，徐正光編，《客家社會與文化：徘徊於族群和現實之間》，頁4-9。臺北：正中書局。

浦忠成，2004，〈弱勢族群媒體與其語言文化發展〉，《族群與文化發展會議——族群語言之保存與發展分組會議》論文。臺北：行政院客家委員會。

高木桂藏，1992，《客家——中國內部造成的異鄉人》。臺北：關屋牧發行。

張維安，1993，《古典社會學思想》。臺北：幼獅文化公司。

張維安，1995，《文化與經濟：韋伯社會學研究》。臺北：巨流圖書公司。

張維安，2003，〈馬來西亞、新加坡海外客家調查心得〉，研究計畫討論資料。

張維安，2004，〈客家學院的發展構想〉，《客家文化研究通訊》，第六期，賴澤涵教授榮退學術研討會專輯。

張維安、張容嘉，2009，〈客家人的大伯公：蘭芳共和國的羅芳伯及其事業〉，《客家研究》，3 (1): 57-89。

張維安、張容嘉，2011，〈蘭芳共和國的創建與經營：華人烏托邦的想像〉，黃賢強編，《族群、歷史與文化：跨域研究東南亞和東亞》，頁323-346。新加坡：新加坡國立大學中文系。

張錦華，2004，〈傳播媒體報導弱勢族群的語言建議——從多元文化觀點檢視〉，《族群與文化發展會議——族群語言之保存與發展分組會議》論文。臺北：行政院客家委員會。

莊英章，2001，〈客家社會與文化：臺灣、大陸與東南亞地區的區域比較研究〉，2001年國科會規劃案計畫書（NSC 89-2419-H-001-001-B9001）。

陳信木，2003，《臺灣地區客家人口之婚配模式：世代、地理區域與社經地位之比較分析》。臺北：行政院客家委員會。

陳清河、林佩君，2004，〈語言傳播政策與弱勢傳播接近權的省思〉，《族群與文化發展會議——族群語言之保存與發展分組會議》論文。臺北：行政院客家委員會。

陳運棟，1991，〈客家研究導論〉，徐正光編，《客家社會與文化：徘徊於族群和現實之間》，頁10-15。臺北：正中書局。

曾金玉，2000，《臺灣客家運動之研究〈1987-2000〉》。臺北：臺灣師範大學公民訓育研究所博士論文。

楊聰榮，2003，〈移民與本土化：中國戰後移民在亞太各國的遭遇〉，《重建想像共同體——國家・族群・敘述》國際學術研討會論文。

蕭新煌等，2003，〈海外客家基本資料調查：馬來西亞、新加坡與西加里曼丹客家調查之初步規劃〉期末報告。臺北：行政院客家委員會。

戴寶村、溫振華，1998，《大臺北都會圈客家史》。臺北：臺北市文獻會。

羅香林，1933，《客家研究導論》。臺北：古亭書屋。

羅香林，1950，《客家源流考》。北京：中國華僑出版社。

羅烈師，1999，〈臺灣地區客家碩士論文評述（1966-1998）〉，《客家文化研究通訊》，2: 117-137。中壢：中央大學客家研究中心。

臺灣客家人口統計及其重要議題

摘要

　　本文從客家人口的定義切入，討論行政院客家委員會從 2004 年開始進行的客家人口調查。由於「客家基本法」對客家人下了新的定義，2010-2011 年的客家人口調查開始以這項定義進行臺灣客家人口統計，並據以認定客家文化重點發展區，客家行政終於有「科學的」客家人口根據。臺灣客家人口的分布與習慣上認為客家人分布在桃、竹、苗、屏東和高雄地區相當接近，但是從人口數來看，新北市、臺中市、高雄市也有很多客家人口，特別值得留意。在客家議題方面，2005 年的調查顯示客語流失、客家文化的傳承和客家認同與尊嚴等最受到關注，雖然最近五年來的調查資料顯示這些議題都有正向的改善，但是客家人卻仍相當隱形，即便是在當「對方問我是不是客家人」時，還有相當高比例的客家人不會表明自己的客家身份。

關鍵字：客家人的定義、客家人口分布、客家議題

一、前言

　　臺灣的客家族群議題，在相關部會落實憲法多元文化精神的政策下，最近幾年逐漸受到重視。例如，行政院客家委員會的設置，客家電視頻道與客家學院及研究所的設立，客家文化園區的籌建，都是臺灣社會過去所沒有的，就是把中國大陸包括在內，全世界客家人居住過的地方，這樣重視客家族群的政策也是少見。客家族群身份認同雖然日益受到肯定，但其所帶來的相關議題卻變得日益複雜，例如客家政策的預算十年內增加了33倍，[1] 但與客家文化運動的目標仍有一段距離，大型投資的文化園區與通過文化產業活化客庄的政策，不過只是一種願望思維（張容嘉、張維安，2010），就是因為過度重視「文化產業」，「造成客家文化的特色更加清晰，更加侷限，並與生活的客家文化更遠，希望通過客家文化特色產業的推廣，來活化客家文化的理想，是不確實的」（張維安，2010a）。

　　關於客家族群的討論雖然多了起來，但是有許多基本的提問還需要取得共識。例如，臺灣客家人有多少？客家人在哪裡？客家文化有何特色？這些問題是環環相扣的，只有在客家人的定義確定後，才能進一步回答。有了客家人的定義之後，客家人口結構、客家人的族群認同、客家認同的變化、客家人的社會經濟地位、客家人的語言使用及其變化才能進一步討論。本文以下分別說明行政院客家委員會所進行的「99-100年全國客家人口基礎調查研究」的客家人口定義，及其相關結果，並進一步分析2005年重要的客家議題，在調查資料中所顯示的變化。

---

1 2010年行政院客委會預算為33億，第一年的預算為1億。

二、臺灣客家人的認定

「客家人」的認定方式一直是客家研究最困難的議題之一。在臺灣，因為身份證件沒有族群項目的記載，人與人之間不易分辨出客家與非客家。特別是族群間通婚情形日益普遍的今天，下一代的族群劃界顯得更不容易。如本書〈客家研究議題：多元、凝聚與比較研究〉一章之資料（2002年臺灣地區已婚人口之配偶的族群分布表）顯示，受訪者認同自己是臺灣客家人身份者，其配偶為客家族群者比例為53.6%，相對於認同自己是閩南人的受訪者其配偶又是閩南人比例為86.4%，認同自己是原住民的受訪者其配偶為原住民的比例為69.5%，顯示出客家人跨族群婚姻的比例要比閩南人和原住民都要高出許多。客家人跨族群通婚的下一代族群認同，從父還是從母，變成一個不容易決定的議題，雖然在父權社會裡，從父認同可以比較容易辨認一個人的族群身份，但是已經受到女性思維的挑戰，父系客家血緣難以作為族群劃界的判準。即使沒有受到女性主義的批判，父系客家血緣年輕世代，也有認同其他族群者，資料顯示如父親為臺灣客家人的受訪者，只有90.9%認同自己是臺灣客家人，有將近9%的年輕世代跨越族群界線認同其他的族群。[2]「爸爸是客家人，小孩即是客家人」的想法受到經驗事實的挑戰。

血緣論之外，與地緣或原籍有關的族譜說，則是另外一個常被引為根據的「證據」，不過就我們所知許多閩南人的族譜記載著祖先為客家人，但他本身實際上已經「做」閩南人了，甚至也不見得願意再「當」客家人，事實上族譜說是把血緣論拉得更長更細，所面臨的挑戰也更大；相同的，客家語言做為客家人的認定，有其一定的參考價值，但是我們知道不能說「講英文的便是英國人」，同理不能說「講

---

2 認同其他身份者為，認同大陸與華僑客家者1.6%，閩南人4.0%，外省2.5%，原住民0.1%，臺灣人0.4%，另有0.5%回答不知道。參考行政院客家委員會（2011）。

客家話的就是客家人」，也不能說「不會說客家話，便不是客家
人」，族群語言的使用常常成為族群認同的參考，但並不能成為族群
劃界的（唯一）判準。從資料上來看，臺灣的客家民眾能聽懂客語的
只有60.9%，能說流利客語的只有43.8%，[3] 如果把年齡列入考慮的
話，越年輕的世代能講客語的比例則越低，可見客家人也不一定會說
客語（參考表六：臺灣客家民眾說客語的能力）。2011年的客家人
口調查中，受訪者除了強調血緣與語言兩個因素作為客家人認同的基
礎外，另外還有一些所謂客家人應具的條件（行政院客家委員會，
2011a: 133-134），值得參考。

表六：2010年臺灣客家民眾說客語的能力（年齡層）（%）

	很流利	流利	普通	不流利	不會說
13歲以下	3.4	10.2	6.7	30.7	49.1
13-18歲	2.1	11.3	9.1	37.1	40.4
19-29歲	5.3	17.4	8.6	30.3	38.4
30-39歲	14.9	27.1	10.3	21.9	25.8
40-49歲	35.0	27.6	7.6	15.5	14.1
50-59歲	53.9	19.6	4.3	10.5	11.7
60歲以上	58.3	19.3	4.4	9.1	9.0

資料來源：行政院客家委員會（2010: 42）

　　相同的，用信仰、客家文化、族群故事或共同的族群記憶來認定
客家族群，雖然也有其方便性，不過也有相似的限制。例如，三山國
王的信仰與客家人固然有密切關係，但也不能直接指認信仰三山國王
的人就是客家人，反之也不必然，過去許多研究甚至指出，在沒有相
對的族群存在於周邊時，特別是沒有與其他族群發生衝突時，族群認

---

3 其中24.4%能說「很流利」的客語，19.4%能說「流利」的客語，普通的7.3%，另有21.9%的客家民眾
　表示客語說得「不流利」，27.0%「不會說」客語。參考行政院客家委員會（2011: 41）。關於聽客語的
　能力部分，請參考行政院客委會（2010: 33）。

同意識往往並不明顯，客家族群從「自在族群」到「自為族群」的發展，在於相對於其他族群時「客家意識」的發展，這些都與其所處情境的族群有密切的關係。學界雖然對本質論（primordialism）以及工具論（instrumentalism）的見解都不全滿意，但是普遍能接受「族群建構論」的觀點，事實上族群建構論所參照的特質，也經常與血緣、語言及文化等前述客觀可以認定的元素有高度的關聯性，但是更重要的是行動者自身的認知與生活實作的表現。在一個多元主義的社會裡，一個人可能因為語言或血統的關係選擇一種以上的認同，甚至於在不同的時間與情境下，更改自己的族群認同。

　　由於這些族群認定的困難度，以及族群認同的特性，行政院客家委員會在客家族群認定的方式上採取了兼顧血緣、文化、語言及自我認同的建構論思維。這種思維認為一個人具有多重認同是可行的，一個人的認同也可以從較純粹的單一認同到較彈性的多重認同。從臺灣過去的經驗可知客家族群記憶的建構與發展，乃至於語言的復振及政府的政策的改變，都可能影響到受訪者在關於族群認同的回答。2004年、2008年的調查，就是在這樣的思維下所進行的。多元族群思維在臺灣的發展，一開始就因為和政治見解糾結難解，研究族群議題時而遭到分裂族群的負面聯想，不過族群的議題並不會因為不研究、不分析、不知道有多少客家人、不知道客家人分布在哪裡，就會自行解決，消失無事。在這些議題中，客家族群的認定是一項高難度的項目，客家委員會的調查研究斟酌血緣、地緣、語言、文化、宗教、習俗、生活方式等各種族群劃界的可能性及限制性，訂出2008年以前所採用的十一種認同方式，用心良苦。「99年至100年（2010-2011年）全國客家人口基礎調查研究」進一步使用「客家基本法」對客家人的定義進行研究。客家人口調查需要有清楚的定義，才能進行各種認同人口的變化分析，思考地方族群政策的制定，或進行學術分析，即使是多重定義也可以（圖二：十二種客家人口的定義）。

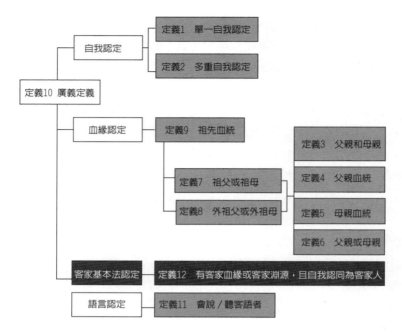

圖二：十二種客家人口的定義

資料來源：行政院客家委員會（2011: 27）

　　通過資料分析，可以看到各種不同認同的人口數以及兩個時間點的各種認同人口數的變化。族群認同議題的分析，也牽涉到族群跨界的議題。一個人有時會跨越族群邊界成為其他族群的一員，乃至於改變其族群認同，或者同時跨越認同兩個以上的族群。這是因為各族群之間，人口的遷徙和移動逐漸頻繁，彼此的互動、通婚，語言及生活方式的學習漸趨普遍，本質論的認同不易堅持，認同無可迴避的就是一種社會建構。兩次的調查顯示出各種認同人口的差異，有一部分就是那一段時間社會建構的結果。只有社會建構論具有意義，客家委員會的政策意涵才會具有意義，客家人口統計才會因為客家文化的復振、語言學習、族群自尊而發生改變。從調查中，可以看出「客家」

認同定義的困難性，一方面是「客家族群」的特性——似乎語言是唯一與重要的指標，血緣的認同又涉及客家高比例的族群外婚。所以，跨族群認同或是主觀認同在「客家」族群組織扮演重要的角色。

三、臺灣客家人口統計

「客家人」擁有不同的定義，廣義定義的客家人口數最多，其次是祖先有客家人的定義。其中合乎「客家基本法」定義的客家人口佔有18.1%，推估約有419.7萬人。各縣市客家人口數與比例可參考表七（行政院客家委員會，2011a: 31）。其中客家人口數最多的三個縣市分別是桃園縣（78.5萬）、新北市（54.9萬）和臺中市（43.6萬），接下來是新竹縣（36.7萬）、苗栗縣（36.3萬）與高雄市（32.2萬），可見客家人口並不限於在農業縣市，在新北市、高雄市以及都市化與工業化程度相當高的桃園縣都有相當高的客家人口數。而新竹縣（71.6%）、苗栗縣（64.6%）、桃園縣（39.2%）、花蓮縣（31.7%）、新竹市（30.1%）、屏東縣（23.7%）和臺東縣

表七：各縣市客家人口數與比例

縣市	新竹縣	苗栗縣	桃園縣	花蓮縣	新竹市	屏東縣	臺東縣
人口（萬）	36.7	36.3	78.5	10.7	12.5	20.7	4.6
比例（%）	71.6	64.6	39.2	31.7	30.1	23.7	19.9
縣市	高雄市	基隆市	嘉義市	宜蘭縣	雲林縣	新北市	南投縣
人口（萬）	32.2	3.8	2.4	3.9	5.8	54.9	8.4
比例（%）	11.6	10.0	8.7	8.5	8.3	14.1	16.0
縣市	臺南市	連江縣	澎湖縣	嘉義縣	彰化縣	臺中市	金門縣
人口（萬）	10.1	0.1	0.2	3.9	7.4	43.6	0.1
比例（%）	5.4	5.2	2.5	7.2	5.7	16.4	1.5

資料來源：行政院客家委員會（2011: 33-34）

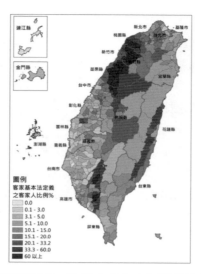

圖三：「客家基本法」定義之客家人口鄉鎮市區分布圖

資料來源：行政院客家委員會（2011: 34）

（19.9%）的客家人口比例，則比全國客家人口平均比例（18.1%）還要高。臺南市和金、馬、澎湖的客家人口比例最低。

　　關於臺灣客家人口的鄉鎮市區地理空間分布，請參考圖三：「客家基本法」定義之客家人口鄉鎮市區分布圖。根據這些調查的人口資料，擬定了臺灣客家文化重點發展區（參考表八）。所謂「客家文化重點發展區」，其客家人口比例需達三分一以上。依據「客家文化重點發展區鄉（鎮、市、區）公告作業要點」：「二、本法所稱客家人口達三分之一以上比率，係指公告當年本會依本法第二條第一款規定之客家人定義所為之客家人口調查統計結果（以下簡稱客家人口調查）所推估之各鄉（鎮、市、區）客家人口數除以前一年年底內政部發布之各該鄉（鎮、市、區）戶籍統計人口數，求得之商數算至小數點第二位，第三位以下四捨五入，考量估計誤差值，最高比率達百分

表八：臺灣客家文化重點發展區

縣市別	客家人口比例達1/3以上鄉鎮市區
桃園縣	中壢市、楊梅市、龍潭鄉、平鎮市、新屋鄉、觀音鄉、大園鄉
新竹縣	竹北市、竹東鎮、新埔鎮、關西鎮、湖口鄉、新豐鄉、芎林鄉、橫山鄉、北埔鄉、寶山鄉、峨眉鄉
新竹市	東區、香山區
苗栗縣	苗栗市、竹南鎮、頭份鎮、卓蘭鎮、大湖鄉、公館鄉、銅鑼鄉、南庄鄉、頭屋鄉、三義鄉、西湖鄉、造橋鄉、三灣鄉、獅潭鄉、泰安鄉、通霄鎮、苑裡鎮、後龍鎮
臺中市	東勢區、新社區、石岡區、和平區、豐原區
南投縣	國姓鄉、水里鄉
雲林縣	崙背鄉
高雄市	美濃區、六龜區、杉林區、甲仙區
屏東縣	長治鄉、麟洛鄉、高樹鄉、萬巒鄉、內埔鄉、竹田鄉、新埤鄉、佳冬鄉
臺東縣	關山鎮、鹿野鄉、池上鄉
花蓮縣	鳳林鎮、玉里鎮、吉安鄉、瑞穗鄉、富里鄉、壽豐鄉、花蓮市、光復鄉

資料來源：2011年3月3日行政院客家委員會客家人口調查發表新聞稿資料

之三十三以上者」。[4]

四、當前臺灣重要的客家議題

2005年的3月下旬，[5] 本文針對75位對客家族群議題非常有興趣的年輕人，進行了一項資料蒐集，在諸問題中，其中有一項是：「你認為當前臺灣最重要的客家議題是什麼？」在沒有任何提示的情況下，由受訪者自行以開放性文字寫出，基本上以一個為原則，但也有

---

4 資料來源：2011年3月3日行政院客委會客家人口調查發表新聞稿資料。

5 這份資料的調查時間在2005年，與2011年調查資料的討論，可以作為一種對照。

表九：當前重要的客家議題（2005）

重要性	議　題	累計	百分比
1	客語流失	28	30.1
2	客家文化的傳承	16	17.2
	客家認同與尊嚴	16	17.2
3	客家特質的確定	7	7.5
4	客家人的臺灣定位	5	5.4
5	客家人的政治經濟結構	3	3.2
	客家人的隱形化	3	3.2
	客家女性的研究	3	3.2
	客語教學問題	3	3.2
6	地區性客家文化的營造	2	2.2
7	不要沉迷過去的光榮	1	1.1
	客家人的刻板印象	1	1.1
	客家產業	1	1.1
	客家與其他族群的互動關係	1	1.1
	客家語言的整合	1	1.1
	客家學術基礎的建立	1	1.1
	歷史詮釋權	1	1.1
總數		93	1.00

人同時列出兩個以上，列出三個的則非常的少，本文將這些回答的內容分別統計，例如一個人如果回答：「我認為客家人語言流失與文化傳承是重要的客家議題」，便把他分成兩項加以統計，所統計項目總數超過75項。得到的統計結果，請參見表九。

在幾個議題中，「客語流失」居最重要的地位，包括客語流失的原因、客語教學的環境等等；「客家文化的傳承」和「客家認同與尊嚴」並居第二高，在客家文化流失方面，除了憂心客家文化的傳承有問題，也有討論客家文化發揚的方法以及重振客家文化的思考。客家認同，則包括族群意識、客家族群的信心，客家現身等方面的因素，

這個部分和客家人的隱形化有一些關係，客家人的隱形化和客家認同、尊嚴和現身的因素有關以外，部分是討論客家人的福老化，也就是客家人因為長期和福老族群相處，並使用福老話的結果，而跨越族群邊界成為福老人。進一步說，也和客家人的政治經濟結構的討論有密切的關係，實際上語言的流失、客家文化的傳承以及客家認同和尊嚴的問題與大環境，也就是和臺灣的政治經濟結構環境有密切相關，這是值得我們留意的一組立體的關聯性。

另外一組議題是客家特質的確定、客家人在臺灣定位，兩個議題也牽涉到客家人的主體性，以及客家文化和臺灣其他族群文化的融合與互動的話題。其中客家特質的確定，又和客家精神的發揚有關，但是也有人提到要重新定位客家的精神，不要沉迷於過去的光榮、不要有中原沙文主義等。客家人的臺灣定位包括客家人在臺灣的主體性，以及臺灣客家族群的特色、客家文化如何融入臺灣其他族群的文化中等，都牽涉到需要進一步討論客家人所處的政治經濟結構，包括政治參與、公平的政治經濟資源的分配等。

客家女性的研究，包括外籍客家新娘，客家婦女權利結構之改變等等，也受到了一些重視，這可能和近年來討論外籍新娘和客家女性的研討會多了起來，或客家女性開始現身有關。地區性客家文化的營造，包括某一地區的客家文化資產，客家文物方面的營造，這個部分似乎也和客家文化的傳承有關。

在 75 份開放性問卷的調查回應中，相關的議題有一部分非常集中，如語言流失、客家文化的傳承，以及客家認同與尊嚴等。除此之外，也有一些分散而基本的議題，例如有些人認為重要且值得研究的議題還有客家人的刻板印象、客家產業、客家學術基礎、客家語言的整合、歷史詮釋權、母語教學的教材、學校母語教學的問題、孩童的母語學習、電臺與電視臺的節目內涵、山歌，以及客家與其他族群的互動關係。但是，基本上還是圍繞著「客家話的流失」、「客家文化傳承」以及「客家族群的認同與尊嚴」三項最為重要，許多話題都會

再度回來牽涉這些議題，而這三個議題之間也是互相關連的。

五、近年來的發展

（一）客家話的使用

　　近年來行政院客家委員會針對客家民眾客語使用調查發現，客家人的客家認同程度與其客語能力成正比，歷年的調查顯示認同「以身為客家人為榮」的客家民眾其客語能力普遍高於不認同者（行政院客家委員會，2010: 103）。客家民眾之客語使用的討論，與下文「客家族群的認同與尊嚴」議題也有相關。依據客家委員會最近五年（2006-2010）的客家民眾客語使用狀況調查，臺灣客家民眾在「聽」與「說」方面都有一些變化，整體來說，44歲以下的族群不論其聽或說的能力都有增加（參見表十：五年來臺灣客家民眾客語能力之變化）。其中以10-29歲的年齡組成長最為明顯。[6] 由於客家民眾同意「我以會說客家話為榮」的比例增加，因此語言能力的增加，也可以說是客家認同與尊嚴的肯定。

表十：五年來臺灣客家民眾客語能力之變化[7]

年齡組	5-9	10-14	15-19	20-24	25-29	30-34	35-39	40-44	45-49	50-54	55-59	60-64	65-69	70+
聽的能力	-0.8	12.7	7.1	7.1	8.1	4	4.3	5.5	-0.1	-0.1	-0.4	1.8	4	-4.7
說的能力	-0.6	5.3	2.5	5.5	10.5	4.6	8.3	11.3	-1	1.2	1.3	7.5	2.8	-4.4

資料來源：行政院客家委員會（2010: 87-88）

（二）客家文化的傳承

　　「傳承客家文化」與「瞭解客家文化與習俗」常被受訪者用來作

---

6 以客語每年自然流失率1.1%的推估來看，實際上正向的變化要比目前的成績好一些。
7 95年與99年客語使用變化，表格內為以99年減95年的數字。

為加強子女之客家認同的一種方法。在「瞭解客家文化與習俗」方面，有些受訪民眾提到一些作法，「多瞭解客家祖先所傳承的客家文化」，「告訴他們飲水思源，瞭解先人開疆闢土之精神」，「要學習客家人的刻苦耐勞精神」，「參觀文物館或各項活動的參與」，或「讓子女多接觸客家文化，從客家活動去瞭解客家人的精神」。另外，在「傳承客家文化」方面，如何傳承？受訪者強調「傳承客家美德、節儉、誠懇和克勤克儉」，「從小讓子女多接觸客家人的傳統文化」，「盡量在生活中灌輸子女客家人的文化和精神」，「掃墓祭祖多說一些客家祖先的文化，讓孩子認同瞭解客家習俗」，「小學在客家庄環境就學，讓他多接觸客家人」等各種方式（行政院客家委員會，2011a: 135）。根據調查，大約四成八的客家民眾認為其家中還算重視客家文化，這些受訪者列舉的項目多與精神、歷史、日常生活實作有密切關係，事實上語言就是一種重要的客家文化，語言的提升有助於落實這些文化傳承的作為。近年來客家的能見度漸高，傳播、節慶、文化儀式、文化產業、文化論述漸漸多了起來，也提供了客家文化傳承的基礎。

（三）客家族群的認同與尊嚴

　　2011年客家人口調查資料指出，大約有32.4%的客家民眾在「得知對方是客家人時」會主動表明自己是客家人，不過當對方說客語以及對方說話有客家腔，會表明自己是客家人的比例則相對的低，只有19.7%和7.7%。另外當「對方問我是不是客家人」時會表明客家身份的約有24.8%（行政院客家委員會，2011a: 139）。最後的這個結果說明了客家人主動表明自己是客家人的比例仍然非常的低（大約四分之一）。根據我們的觀察，最近五年來，臺灣客家人的認同與尊嚴似乎提高了，能見度也增加了，但是我們不能忽略還有半數以上的受訪者家裡並不重視客家文化，同時也還有大約四分之三的客家人，即便是在當「對方問我是不是客家人」時，不會表明自己是客家人。

六、結語

　　客家作為一個「不斷添加與流失的族群」（張維安，2010b），
血緣雖然重要，但是它並不是形成當前客家族群的充分因素，客家族
群歷史的論述、客家族群想像的文化因素，才是客家族群「離而不
散」的重要基礎，這是當前最重要的客家社會資本。客家人口的定
義，不論是從客家委員會「客家基本法」或客家人口的多重定義來
看，客家與其他族群之間因為互動密切，通婚普遍，跨越或轉移族群
認同是相當頻繁的（跨界）。就此來看，客家族群的定義就是在客家
人不斷的跨界中，劃出一個範圍來研究（劃界），採取清楚的定義才
能進行研究，這些定義也許不甚理想，但總是要有清楚的定義，研究
才能開始，這不只是臺灣的客家研究如此，全球客家研究，甚至其他
族群的研究也面臨類似的課題，客家作為因時因地而不斷添加與流失
的族群，客家研究則是在客家人於族群間的流動中，不論是添加還是
流失，劃定一個範圍來分析。

（本文初稿曾發表於「第五屆海峽兩岸客家高峰論壇」）

參考資料

行政院客家委員會，2010，〈98至99年度臺灣客家民眾使用狀況調查研究報告〉。臺北：行政院客家委員會。

行政院客家委員會，2011a，〈99年至100年全國客家人口基礎資料調查研究〉。臺北：行政院客家委員會。

行政院客家委員會，2011b，〈行政院客家委員會客家人口調查發表新聞稿資料〉，2011年3月3日。

張容嘉、張維安，2010，〈客家文化園區政策分析：文化與產業結合的願望思維〉，《客家公共事務學報》，創刊號：29-53。

張維安，2010a，〈族群文化產業發展與客家文化的未來〉，「臺灣客家族群的聚落、歷史與社會變遷研討會」。新竹：國立交通大學客家學院，99.12.11-12。

張維安，2010b，〈尋根溯源：全球客家族群移民遷徙概述〉主題演講稿，參見《2010海外客家社團負責人諮詢會議會議手冊》，頁19-28。行政院客家委員會，2010.11.7。臺北：王朝大酒店。

以客家爲方法：客家運動與臺灣社會的思索

摘要

　　客家運動的醞釀、實踐與影響是多方面的，固然客家運動「意欲」之所在主要是在客家文化復興或客家族群權益的爭取，但由於客家運動帶來對臺灣社會特質的思考，對臺灣社會發展也開啟進一步想像的可能。本文認為客家運動的意義，不僅僅是改善了客家族群在公共領域失聲、隱形的現象，客家運動還影響了臺灣公共領域政策的形塑、增進了臺灣歷史詮釋的豐富性、建構了臺灣社會多元族群文化的基礎。以客家為方法，在於從客家來認識臺灣，並思考臺灣社會特質的構成與未來發展。日本學者溝口雄三討論「作為方法的中國」時，相當程度是在瞭解日本。以溝口對日本特質的思索為例，以客家為方法可思考客家的特性，也可以思索臺灣社會的特色與多元族群文化的基礎。本文的討論除前言之外，首先討論具有反思漢人文化、臺灣文化特色的意義，增添其多元性的面向；其次分析具有思考臺灣多元族群社會發展的意義，特別是從歷史經驗的記憶、民主化過程以及多語政策乃至於「客家基本法」的訂定，來觀察客家與臺灣多元族群社會建構的軌跡；最後則從客家來思索臺灣社會，以客家為方法有助於思索客家運動的多層意義，特別是客家運動與臺灣多元族群社會發展的意義。

關鍵字：客家運動、臺灣社會、以客家為方法

一、前言

　　客家族群運動促進了客家族群的認同。歷史上，客家族群的三次社會運動都和族群受到社會結構的壓迫有關。第一次客家運動，基本上是客家族群選擇作為中原漢人認同的運動，源自於廣東當地媒體與教科書，將客家族群歸類為「非漢人」。第二次客家運動，則是客家族群主張作為臺灣社會的主人，此次運動源自於客家族群在臺灣的文化權、語言權及歷史詮釋權的扭曲。二十年來客家社會運動論述的軸心，主要是客家族群（客家人不是人客）對臺灣歷史社會文化的積極貢獻。學界將《客家風雲雜誌》發行的那一年，視為臺灣客家運動元年，[1] 臺灣客家研究學會在 2007 年舉辦了「臺灣客家社會運動 20 年」研討會，說明了臺灣客家運動對客家文化的發展乃至於臺灣多元族群社會建構的重要性。[2] 第三次客家社會運動，是以日常生活的實作來主張客家權益的正當性為旨趣，以學界、傳媒、公共領域及歷史的詮釋與建構作為主要的場域，這是目前正在進行但少為行動者所察覺的運動，由於行政資源的投入與客家權益平臺之正當性仍受到社會上其他族群甚至是客家族群自身的挑戰與質疑，這種體制內的無聲的運動與建構和過去在體制外進行的運動有很大的不同。

　　前兩次客家運動的原因，都和客家族群面臨社會的不合理結構之壓迫有關，某種程度可以作為客家族群建構的激素，但也可進一步思索其所處社會結構的不合理。客家族群運動所提出來的議題，可以看出族群關係的權力結構，特別是弱勢族群的歷史文化詮釋權，公共領域的語言權，族群污名的抵抗，族群邊界之清楚劃分或模糊族群邊界

1　《客家風雲雜誌》創刊於 1987 年 10 月 1 日。

2　1988 年的 12 月 28 日由客家權益促進會在臺北街頭推動大規模的「1228 還我母語」遊行，作為臺灣客家社會運動的第二年。臺灣客家研究學會在 2007 年舉行「臺灣客家社會運動 20 年」，並規劃在 2008 年舉行「還我母語運動 20 年研討會」，依此，臺灣客家運動是從 1987 年《客家風雲雜誌》的出版算起，而不是從 1988 年 12 月 28 日還我母語大遊行算起。

的操弄，都在這裡顯露出意義。客家運動的探討可以作為思索建構合理社會的線索並指出其可能性。

　　張茂桂（1988: 68-69）提及「原住民並不是單一民族。『原住民族』只有在相對於漢民族的優勢的脈絡中才有意義」。客家作為一個「族群」和原住民族似乎有所不同，長時期以來學者視客家為漢族中的一個民系（參考羅香林，1987），客家人所撰的文獻也是以中原漢族自居者為多。客家作為一個群體，其社會運動的對象，不像原住民族那樣清楚的是相對於漢族的優勢而來的運動，客家運動的對象，並非指向一個特定的優勢團體或族群，而是針對所處的社會結構之不公平現象。因此，客家社會運動是在不合理的社會結構中，以找回客家族群的自尊，建構多元與合理的社會為目標。本文認為，客家運動的醞釀、實踐與影響是多方面的，固然客家運動「意欲」之所在主要是在客家族群權益之改善，但是因為客家運動的性質，卻使臺灣社會構成的特質受到檢查，並對臺灣社會的多元性發展提供了機會。本文認為客家運動的意義，不僅僅是改善了客家族群在公共領域失聲、隱形的現象，客家運動還影響了臺灣公共領域政策的形塑、增進了臺灣歷史詮釋的豐富性、建構了臺灣多元族群社會的基礎。以客家為方法，用意在於從客家來認識臺灣，並思考臺灣社會特質的構成與未來發展。

　　下文討論分成三個部分：首先，從客家研究對漢人研究的反思與意義，可以發現客家研究有助於建構漢人社會多元性之論述；第二，客家運動與臺灣多元族群社會發展的關係，有助於瞭解臺灣社會結構的族群問題與出路；第三，「以客家為方法」的觀點，有助於思索客家運動的多層意義，特別是客家運動與臺灣多元族群社會發展的關聯性。

二、客家與漢人社會多元性

客家作為一種方法，可以思索客家族群研究的發展，也可思索客家研究對漢人社會以及臺灣社會發展的意義。

（一）客家與漢人研究的重新思考

清末客家源流議題的提出，和「客家與漢人」論題有關。當時廣州地區「客家非漢」的觀點引起許多客家人士不滿，進而促使客屬人士設「客家源流研討會」，發起組織客族源流調查會，其活動以客家做為目標，推動了客家族群意識的建構，奠定了客家為北方漢人的觀點。客家身份的論述與客家族群意識的誕生一開始就是以「客家與漢人」為題，圍繞著客家人與漢人，客家文化與中原文化的論述，甚至客家文化是最正統的中原文化的主張在進行（張維安，2008）。近年來這種客家北方漢人論的見解，受到「客家南方起源論」的駁斥，客家源流的研究帶給漢人文化內涵更多元的思考空間。基本上，過去客家研究的「客家源流議題」，主要是在回答「客家是漢人或非漢人」這個問題，加深了漢人概念的多元性見解。本書〈認知旨趣、典範和研究〉一章，曾經提過莊英章（2001）曾做出相似的說明：他認為客家學的提出在學術上有多重意義，其中一點就是「對華人研究的一種嚴肅反思」：因為與原住民保持密切關係是客家的特色之一，但客家又堅持是漢族中血統最精粹者，所以客家研究可考量原住民或少數民族的社會文化對漢族的影響，也可正視漢民族本身以及中國境內區域間的多元性。可見客家在漢人研究的豐富性上所具有的意義，也能擴大為認識漢人組成的一個角度，進一步肯定漢人文化的多元性。

臺灣社會科學界長時期以來在原住民與漢人的分析中，將客家人、閩南人和外省人放在一起作為「漢人」，在本省與外省的分類中，客家人和閩南人放在一起做為「本省人」，這樣不但忽視漢人內部的多樣性，也忽略了客家的特質。本文強調對客家特色的重視，不

在於和漢人或本省人區別或分裂，而是因為客家特色的建構而更加豐富臺灣社會的多元性。過去將客家歸在漢人的變項，或歸在本省的統計數字中，看不出客家自有的特色。客家族群概念的提出，超出了省籍或原、漢的分類，客家包括許多本省、許多外省和許多新住民，新的客家定義超出了許多舊客家的思維。客家之內有說這種腔調的客家與說那種腔調的客家，客家內部也存在多元樣貌。客家研究替漢人多元性帶來反思，也豐富臺灣歷史記憶的內涵。

（二）客家運動與臺灣歷史記憶

通常我們對歷史上客家議題的關心，多少是以近代客家議題為觸媒而引起的。長時期以來，客家特色不但隱沒在漢人的分類裡，也隱沒在作為本省人的變項中，在閩南與客家籠統概括在本省人或臺灣人的類別中時，許多人無法認識客家族群的貢獻。客家作為一個族群分類有助於認識真正的臺灣人群分類，客家作為一個族群分類在瞭解臺灣文學、音樂與歷史的討論中都具有一定程度的意義。例如，客家人在文學與音樂方面的貢獻，在過去的分類中，主要是作為臺灣文學的面貌而存在，在客家作為一個族群分類之後，這些臺灣特色的文學與音樂才看得出含有客家的色彩，或說這樣才分辨得出客家在臺灣特色的文學與音樂上面的具體貢獻。例如，鄧雨賢的音樂、鍾肇政的文學、鍾理和的文學過去都是先作為臺灣的特色而被接受，當其客家的身份與客家作為一個族群的分類被接受之後，客家特色在臺灣社會文化的意義才凸顯出來，相同的賴和、吳濁流、李喬的文學亦然。

臺灣人的抗日，在乙未戰爭的討論中，吳湯興、徐驤、姜紹祖等對日抗戰，固然可以視為臺灣人對日抗戰的歷史，但是也只有當他們的客家身份被認同，客家族群的分類被接受，客家對臺灣社會歷史的貢獻才能被說明。[3]「乙未戰爭」是一場日本政府在臺灣進行的「戰

---

3 臺灣客家研究學會，由當時的秘書長推動辦理的「乙未戰爭與客家」研討會，有多篇相關論文，值得參

爭」，但是在臺灣的史書和教科書，對客裔先民在乙未戰爭的保衛家園的記載只有寥寥數語，對於真正為臺灣付出生命的客家人，對鄉土的愛被埋沒在歷史的斷簡殘篇裡，特別是沒有人提及在這場驚天地、泣鬼神的戰役中，他們客屬族群的身份（臺灣客家研究學會，2006；黃慧敏，2006）。

從客家作為一個族群分類，可以看出客家人對臺灣社會的貢獻，也能更加豐富各族群對維護臺灣社會安全與民主發展的貢獻。歷史的議題牽涉到許多客家族群對臺灣社會的貢獻，還有歷史上客家曾經扮演的角色，乙未戰爭的討論只是一例，只有加強客家作為一個族群分類的知識體系論述，才能致力於劣勢客家的賦權。從客家文化的復興著手，參與臺灣史的詮釋，分析臺灣文學的客家貢獻，進行臺灣客家的特質詮釋，把客家的歷史納入臺灣歷史的論述之中，或說在臺灣歷史中納入客家人打拼的歷史，才能肯定客家族群對臺灣社會發展的貢獻。[4]

將客家從籠統的作為漢人的模糊面目加以清晰化之後，可以通過對客家歷史、文學、音樂、文化的認識，進一步認識臺灣社會與文化，通過客家人對臺灣歷史與政治民主的貢獻，可進一步瞭解臺灣歷史文化。我們可以從認識客家開始來認識臺灣本土，也可以從認識臺灣的特色，來理解客家。客家研究，對於認識臺灣客家社會文化的多元性具有重要的意義。從認識臺灣的角度來看，以客家為方法，客家作為一個概念，一個變項，客家運動作為一條線索，可以重新思索臺灣社會的特色。

客家與其他族群，在臺灣歷史過程中的打拼與貢獻，正如孫歌所說：「中國、日本、韓國走過『相互交纏』的共同歷史，參與同樣的現代性，卻有不同的感情記憶。面對過去，尤其是第二次世界大戰，

考。另外客委會在2008年推出乙未戰爭的電影「一八九五」，也是這方面的論述之一。

4 這些論述多半是根據本土性的概念所進行的，義民的「去污名化」也是客家建構的一種過程或一種力量。

亞洲各國學者時時會因為各自處於不同的位置，被不同的情感記憶與歷史創傷經驗所浸染，而出現強烈情緒性對立而無法溝通討論的尷尬處境。因此，孫歌認為亞洲的知識份子應該透過合作關係，共同探討過去的歷史問題，以便能夠建立面對那份尷尬的『知識立場』」（孫歌，2001: 9-13；劉紀蕙，2003）。相同的，客家人與臺灣其他族群，不論是閩南、外省、原住民與新住民都有許多相互交纏但卻不同感情記憶的主觀歷史。臺灣各族群在這一塊土地上，雖然共同走過漫長的歷史，但是在生活經驗、情感方面，彼此之間卻有著相當大的不同。

臺灣的知識份子應該透過合作關係，共同探討過去的歷史問題，以便能夠建立面對那份尷尬的「知識立場」。客家與臺灣其他族群之間如何能分享共有的歷史記憶以及共同的族群架構？這並不是客家族群之內的議題。許多客家人在記憶深處，基本上還是自認為是中國文化的承載者、漢民族的一支民系，無疑的，許多時間以來這種想法一直為許多客家族群所共享，但是其他族群則不一定有這樣的想法。例如，閩南人習慣稱客家人為「奧客」，過去閩南人所建構的臺灣話、臺灣人的標準，無形中排除了無法合乎其標準的客家人以及其他的族群。在這一點上，其他族群的人和客家人有共同的記憶嗎？

客家和其他族群的互動一直是客家特色得以彰顯的緣由，因為互動來往，彰顯出他們的不同。因為有這些彼來此往，有些客家人已經學習了其他族群的文化與生活方式，客家人的這個立場造就了今日臺灣社會的特質，當然除了客家人外，原住民、外省人也有相似的角色，至少瞭解臺灣絕對不能跳過客家。客家運動與臺灣歷史記憶的重新詮釋，豐富了客家，也豐富了其他族群與臺灣社會文化。

三、客家與臺灣多元族群的發展

客家運動極少主張族群的福利或工作保障，客家運動也很少主張

族群所在的區域經濟發展。其所面對的議題大多數是不合理的社會結構，例如，語言權、媒體近用權、歷史詮釋權、民主政治、族群自尊。客家社會運動的發展，與臺灣多元族群社會的發展有密切的關連性。

（一）客家運動與臺灣民主社會

臺灣本土化的自覺或呼聲，相當程度是包括客家在內的自覺，但是這些本土化的客家行動者或敘事者有意的發展出與其他族群的區別則是較晚的時期，這似乎也說明客家整合於中原或整合於臺灣在思想上沒有特別的困難，客家作為與周圍其他族群的整合沒有困難。這就像許多評論者提到客家似乎相當程度的支持執政的政黨或政權，但是弔詭的是客家人無疑的也是高比例的反對執政當局的族群。作為和整體的合作，縮小自己並無困難，但是在一定的臨界點上，捍衛自己的權益，主張自身的存在，客家人永不放鬆，這兩者並沒有太大的衝突。

族群的分類似乎已成為臺灣人群分類的重要變項。例如臺灣人在時間上先來後到的問題，並沒有被族群分類的議題所消融，先來的是本省人（不分閩南人或客家人），後來的是外省人（不分原來的省籍與族群全都稱為外省人），先來的客家人是本省人，後來的客家人仍舊是外省人，或者是外省客家人。族群分類並沒有真正的取代省籍的議題，客家作為一個族群分類或隱或顯也一直都在臺灣社會分析中具有意義。

客家研究的貢獻，在於細緻的瞭解客家族群認同的轉變、客家族群認同內容的變遷，以及客家作為一個族群分類由隱性轉為顯性的過程。客家概念的建構，有著相當清晰的劃界作用，在這個過程中成為政治操作的焦點，並不是客家運動的目的，最多只能說有些時候將政治操作視為客家運動的槓桿，或一些別有政治目的人士，將客家運動作為其政治目的或作為累積其個人政治資本的工具，但非客家運動之

所欲。

　　客家社會文化運動作為一個牽涉到制度與結構的議題，必然牽涉到政治的權力或政黨的政策。例如，客家傳播近用權與歷史詮釋權的提出，難免充滿著分配公共資源的影子，特別是在選舉場合出現了客家助講團，與其說客家運動被政治化了，不如說是客家運動需要政治為槓桿。從客家學院、客家電視以及客家委員會的設置，作為客家運動的一環（及成果），政治協助客家運動所需的體制建構是清楚的，也是必要的。這些現象導致今日臺灣客家運動有許多需要進一步處理的議題，特別是客家運動被認為只有政治的正確性，缺乏社會的正當性，使得在生活世界或社會面向取得正當性，成為下一階段客家運動的主要課題。

　　陳光興指出「民進黨接掌政權後，臺灣的政治民主正歷經空前的倒退，顯示出以政黨政治作為民主形式的根本想像，需要在亞洲經驗中受到徹底的重新檢視。同時，在知識生產的場域中，政府開始全面介入學術機構，主要的方式是投入經費及資源，以意識型態為準，大量建立新的機構，主導學術研究方向。（陳水扁 2000 年上臺後，廣設臺灣文學所系，甚至在 2006 以前，快速設立客家學院。清華大學的中國研究學程，也是政策的產物，由中央直接交辦。）簡言之，知識生產並沒有因為政治上所謂的民主化而更為民主，反倒是政治介入的力道越趨深刻」（陳光興，2006: 338）。這個說法有一定程度的意義，也有相當大的誤解，如果說政府投入資源在客家學院的設置，即表示是政治介入客家知識體系的生產，那不是對這個政策的決定有太多的不瞭解，便是對過去學院或學系的設立有太多天真的想法。客家學院與原住民學院的設立，毋寧是政府對多元族群社會肯定的表現。這些政府的決策，相當程度應該是作為臺灣本土社會運動的一個反映，或說是臺灣民主化的一種表現。

　　政府（執政黨）的態度與客家有沒有作為一個族群類別有密切的關係，連帶的也牽涉到相關論述平臺能不能得到公部門資源的支持。

例如，傳播公器的使用，學術機構的設置，社會團體的成立，行政機構的設立，公共領域中語言使用的「規定」或服務的提供。這些攸關客家文化生死的結構性建制或解禁，並不是原來有客家文化意識的人士在私領域努力所能達到的。將客家文化運動與公部門的資源結合，成為必要的一個方式。這些年來政府對客家族群的關心，雖然相當程度只出現在選舉時期，這種因選舉需要而出現的客家政策，以及因選舉結束而消失的客家人，並不是對客家真正的關心。但卻是客家運動不可失的機會，沒有民主化的政治機制，客家運動便沒有機會。本文認為客家族群的出現以及周邊論述機構的建立，都是臺灣政治民主發展的果實，是對臺灣民主政治的重要肯定。相同的，客家運動也有助於臺灣民主社會的發展。雖然這兩者的因果關係很難認定，但是可以確定的是臺灣多元族群社會的發展與臺灣民主化的進程，具有高度的相關性。

（二）客家運動與公領域多語政策

　　客家族群所提出的公共領域多語政策（張維安，2007），牽涉到的乃是多元文化社會的基礎架構，承認語言之間不同，但不強調融合主義，以強勢的、多數的或市場優勢的力量同化少數語言。在承認差異的基礎上，在互動的機制或公共資源的使用上，都應該讓弱勢與少數成員有發聲的機會。例如，在國會上不同族群的人都可以用母語來發聲，來主張自己的文化，表達族群的尊嚴；在醫院可以用貼切的語言來說明自己的狀況；在法院可以用精準的用詞維護自己的權益，不必因為不諳國語，或不熟多數人使用的閩南話，而失去表達意見的機會，或無法精準的表達自己的看法，而無法維持自己應有的權益。

　　這裡有一個依法不能說客家話的例子：

　　報載苗栗縣一名70歲婦人前往雲林監獄，探望坐牢的兒子，母子兩人講客家話，結果遭到管理員以聽不懂為理由制止，婦人悻悻然離開。據說雲林第二監獄佈告欄上明白記載探監規定，上面寫著會客

必須使用我國語言文字（客家話好像不是我國語言？），這位苗栗的70歲婦人花了兩個小時車程來探視坐牢的兒子，因為講客家話被管理員制止，原因是管理員聽不懂客家話。婦人只待了四分鐘就離開，她認為監獄對客家人有歧視，獄方表示，講管理員聽得懂的話是探監的規定，他們只是依法行事。[5]

前例的結論就是：「依法不得說客家話」！母親探望兒子，不能使用自己的母語交談，這件事情發生在2006年11月27日。距離1988年的「客家還我母語運動」已經快二十年了。這個現象顯示出我們還沒有一個公共領域的多語政策。

臺灣作為一個多元文化的社會，公共領域的語言政策有待努力的地方仍多。對客家族群來說，過去國民黨政府要求講北京話，今天仍有福老沙文主義的焦慮。一個多元文化的社會，應該有多語政策的公共領域。雖然大家使用的語言是相異的，但是語言的地位是平等的。以2007年民進黨總統候選人黨內辯論活動來說，電視轉播配合手語播出，算是顧慮到聽障朋友的權益，但是候選人多數時間都用閩南話，偶而穿插北京話，對於不諳閩南話的客家人、外省人以及原住民等並沒有提供翻譯。同理，如果全場使用北京話是不是就沒有問題了呢？還是有許多客家人、閩南人與原住民有瞭解的隔閡。我們需要一個多語的公共領域，需要一個兼顧使用母語尊嚴與理念溝通的政策設計。

過去，因為客家人與閩南人的語言、文化都不被國民黨政府所認可，不過這段族群語言、文化不受重視的共同歷史經驗，似乎並沒有促使今日臺灣的閩南人更細心的做到尊重差異，維持平等的思考。閩南人的經驗與反省，並沒有像客家人這麼強調彼此之間的平等性，在許多場合都可以發現閩南人對客語的不尊重，[6]就族群互動的經驗來

---

5 參考 http://tw.news.yahoo.com/article/url/d/a/061127/17/78ih.html
6 例如，幾任客家委員會主委致詞，甚至學術場合學者以客語發聲的關係，當場被抗議的情形。甚至在義民節的現場，客家委員會主委以客語致詞，也被打斷。

看，客家族群對臺灣公共領域多語政策的要求，正是一個以客家為方法，思索客家運動對臺灣多元文化社會貢獻的案例。[7]

四、從客家運動思索多元臺灣

以客家為方法，是一個思索臺灣社會發展的觀點，這個觀點和以客家作為對象、現象、議題的分析不同，也和以客家作為手段、工具或目的之分析不一樣。客家運動可以是一個研究分析的對象，作為「實然」歷史紀錄的資料分析，也可以作為具有規範性的社會運動的「應然」評論，但都與作為「方法」來思索客家與思索臺灣的分析不同。

關於「以客家為方法」，是指從客家族群的歷史經驗之觀點來理解臺灣社會，特別是因為加入客家族群歷史經驗而產生的省思。例如，尊重其他族群的歷史經驗與觀點，肯定其他族群對臺灣社會的貢獻與詮釋。從分析客家文化與臺灣社會文化的關係，思考臺灣社會的豐富性與多元性，知道客家的貢獻，還有非客家的貢獻，例如原住民、閩南人、外省人、新住民或外國人，肯定他們在這個社會文化形成過程中的意義與位置。客家運動長時期以來所做的努力，不外乎是建立這個多元合理的社會結構。國語政策與閩南沙文主義都不是理想的政策。像筆者這樣在臺灣出生、長大到50幾歲的客家人，因為不諳閩南話，仍面臨「為什麼不會講臺灣話」的責備，國語人、閩南人，顯然不具思考多元族群社會的意義。

以客家為方法的觀點，是一個借自其他學者的思考。1961年，在一場公開的演講中，竹內好提出「作為方法的亞洲」這個直覺性相

---

7 客家族群運動希冀建構公共領域中多元而合理的制度，近日，行政院客委會正彙整各方對「客家基本法」的意見。目前雖然還不是最後的版本，但在討論的過程中，也和前面所討論的客家社會運動旨趣相同，基本上客家族群所主張的文化權、語言權、歷史詮釋權，並不是一種「搶奪」公共資源為個別的客家人所用的運動，而是替社會中各族群文化之間的平等性，建構一個合理的及結構性的基礎。

當強的概念，企圖轉化日本的主體性。「二十年之後，溝口雄三出版了重要著作《作為方法的中國》，這本書或許可以被當成是接續並且重新翻修竹內好當年以演講的方式提出的計畫」（陳光興，2006: 392）。2006 年清華大學的陳光興教授，接續著溝口先生的這個議題，再度以「亞洲作為方法」為題，雖然所面對的歷史格局已有相當不同，但是在邏輯和方法的深層層次上確實承續了「作為方法的中國」的基體論，而且在精神上也分享著它在知識及實踐上創造新世界的理念。[8]

關於以中國為方法，在日本，因為西方的進入，「隨之而起的或是更早的思想自覺的民主主義需要找到日本的自我本體，因此一種通過漢學來界定日本的方法開始在日本流行或是日本學術界的主流方向之一。近代的日本思想其實在很大的程度上就是在研究漢學到底和日本的本體文化之間的界限，以此來劃定一個完全的，純粹的整體日本」（戰鬥者，2006）。「對比中日的方式來對自我進行界定，這可以使這兩種被認為相似的文化得到根本上的區分」（戰鬥者，2006）。也許無法用相同的方式，通過客家社會文化的特質來劃定一個完整的、純粹的臺灣社會文化。引伸客家作為方法的意義，並不是將客家和臺灣放在對應的位置，並從釐清客家的特質中來說明臺灣原來是什麼。而是因為客家因素的加入，或從客家因素的釐清，特別是從客家社會運動的展開及後果，來思考具有客家因素的臺灣社會的構成。不可避免的，這種客家參照式的臺灣社會分析，將界定一個客家參照式的臺灣。

溝口雄三教授在《作為方法的中國》一書中，思考著一個核心問

---

8 關於溝口雄三的《方法としての中國》，引起許多學者的討論，葛兆光 2002〈重評 90 年代日本中國學的新觀念——讀溝口雄三《方法としての中國》〉，列出 Kuang-ming Wu and Chun-chieh Huang（吳光明、黃俊傑）的英文書評 "Mizoguchi, Yūzō, Hōhō Toshite No Chūgoku"，《清華學報》20 (2): 379-389，1990 年 12 月，臺灣新竹；汪暉與溝口的對談紀錄：〈沒有中國的中國學〉，《讀書》，1994 年第 4 期；孫歌，〈作為方法的日本〉，《讀書》，1995 年第 3 期。

題就是中國的研究帶給了日本什麼，圍繞著這一問題，溝口提出了「如何借助研究中國來找到現實中日本在世界中的定位」。以這樣的方式來思索客家作為方法的議題，同樣可以提出客家研究帶給臺灣什麼或帶給華人世界什麼？可以提出如何藉著客家研究來找到現實中臺灣社會文化的定位以及對臺灣社會的認識，這是一種文化意義上對臺灣社會的認識，也可在思想意義上來認識臺灣社會，尤其是通過中原客家意識與臺灣客家意識的發展，作為解嚴以來不同於之前的意識自覺，為近代臺灣社會的族群找到特色，為臺灣多元族群思考建立特色，或許在理論上沒有全新的貢獻，但是在實作上卻有現實的意義。

劉紀蕙在〈歷史的精神分析式探問〉中提到：與臺灣發生關係的「共有歷史」，無論是所謂的「本省人與外省人」之間，或是臺灣人與日本人之間，這個「共有歷史」不是建立「總體架構」，不是宣導更為健康或是本質的歷史，而是反覆回到共同經歷感情創傷的時刻，回到情感的高峰狀態，回到歷史轉向而知識岔開或是斷裂的起點，理解此磁場的世代覆疊之運作邏輯（劉紀蕙，2003）。在這個思考架構中，加入了客家族群作為歷史主角之一，便和「以客家為方法」的旨趣相似。

陳光興在《去帝國：亞洲作為方法》一書提到：一方面將「亞洲」定位為主體，一方面將意義曖昧的「亞洲」問題化（陳光興，2006: 336）。他也認為「世界史是由多元世界區域的在地史所構成，爾後彼此之間的互動是以已經形成的在地史為基礎」。「社會總體的在地史，其實是不斷變化、生成、轉化的，它沒有不變的本質，但是歷史的過去是內在於在地的構成，用溝口的語言來理解，就是母體的不斷蛻皮中部分延續了原有的身型」（陳光興，2006: 398）。以相同的方式，我們可以將「客家」定位為主體，另一方面將意義模糊的「客家」問題化。客家有一定的主體性，獨特性，當然，客家也繼承或受到華夏思想的許多影響，客家運動是客家知識份子的一種社會實踐過程，客家可以不必理會政治正確的包袱，客家應該要有自己的提

問，這裡的客家指稱的是誰？這裡的客家可以用其他的族群來代替嗎？

五、結語

溝口的理論是「通過對於他者的深入內在理解，才可能超越對於自身原有的（關閉性）理解；有了對於自我不同的理解，也才可能進一步提出對於他者不同的理解。在這樣不斷辯證的過程中，才可能相互超越，也才可能對世界史提出不同的理解與發問」（陳光興，2006: 401）。陳光興將溝口的議題進行一些轉換，將中國換成了亞洲。

溝口認為以中國為方法的世界，是那種把中國視為構成要素之一的多元性世界，他進一步指出，在其心目中的多元化，是始於得以擺脫中國而加以觀察之後（溝口雄三，1999: 106-107），「以客家為方法」的世界，就是把客家視為構成要素之一（相同的，也把其他族群視為構成要素之一）的多元性世界，並使客家成為考察的對象。無論如何，在這個多元的世界之中，客家實質上已經毋需再以「中原」為目標，或以華夏為基準而斟酌它的完成度或相異度。臺灣客家只需把自己也是臺灣社會成員之一的那個世界，展現在世界的舞臺。希望透過「客家」這個獨特的族群眼鏡來觀察臺灣，並藉此進一步地批判過去的「臺灣社會」。

陳光興認為不要簡單地認為溝口是在用中國中心主義來取代歐洲中心論。在規範性的層次上，溝口似乎提出了一個平等主義、多元主義的世界觀，指出過去以歐洲為基準來丈量其他地方在分析上的錯誤，糾正了日本崇歐的心情跟客觀的分析攪和在一起的矛盾，這樣的矛盾與錯誤造成以歐洲史所發生的規律強加在其他地區，以及自我東方主義化的史觀（陳光興，2006: 402）。以客家為方法，也不是以客家的觀點取代其他族群的論述，而是提出一個平等主義、多元主義的

世界觀，指出過去以閩南、中原（或其他強勢族群）為基準來丈量其他族群在分析上的錯誤。在分析的層次上，是在臺灣社會的範疇之內，以客家特有的構成為參照，來看待其他族群的歷史，進而形成立基於各地區和族群真實存在的臺灣社會多元圖像。像其他族群一樣，客家只是臺灣多元族群之一，並非理解臺灣社會唯一的參照點與媒介。

以客家為方法的客家學，其目的應在於超越客家的客家學，不只是要內在地理解客家，更要從內在地來超越它。尤其是需要將客家從實證論式的存在，轉變成一種形成中的客家，從歷史源流、文化詮釋以及實作或實踐的知識來理解客家及其在臺灣社會構成中的意義，這些多元文化權利的聲稱，必然涉及規範性與批判性的知識，這部分本書〈認知旨趣、典範和研究〉一章，有比較細緻的討論。

（本文曾載於《多元族群與客家：臺灣客家運動20年》，頁401-418）

參考資料

Kuang-ming Wu and Chun-chieh Huang, 1990, "Mizoguchi, Yūzō, Hōhō Toshite No Chūgoku",《清華學報》20 (2): 379-389。

王明珂，1997，《華夏邊緣：歷史記憶與族群認同》。臺北：允晨文化。

臺灣客家研究學會，2006，《乙未戰爭與客家研討會論文集》。臺北：行政院客家委員會、臺灣客家研究學會。

何明修、蕭新煌，2006，《臺灣全志・社會志社會運動篇》。南投：國史館臺灣文獻館。

汪暉、溝口，1994，〈沒有中國的中國學〉，《讀書》第4期，1994年。http://www.cul-studies.com/Article/theory/200611/4681.html (2008.09.21)。

孫歌，1995，〈作為方法的日本〉，《讀書》第3期，1995年。http://www.cul-studies.com/Article/theory/200412/74.html。

孫歌，2001，《亞洲意味著什麼》。臺北：巨流圖書公司。

張茂桂，1989，《社會運動與政治轉化》。臺北：張榮發基金會國家政策研究資料中心。

張維安，2007，〈臺灣需要多語政策〉，「從『國語政策』到『多元文化政策』學術研討會」。臺北市立教育大學公誠樓2F第一會議室，2007.4.28。

張維安，2008，〈少數族群與主流文化：客家文化運動與族群記憶之轉移〉，劉海平編，《文化自覺與文化認同：東亞視角》，頁123-147。上海：上海外語教育出版社。

莊英章，2001，「客家社會與文化：臺灣、大陸與東南亞地區的區域比較研究」，2001年國科會規劃案計畫書（NSC 89- 2419- H- 001- 001- 9001）。

陳光興，2006，《去帝國：亞洲作為方法》。臺北：臺灣社會研究叢刊。

陳春聲，2003，〈清末民初潮嘉民眾關於「客家」的觀念：以《嶺東日報》的研究為中心〉，《全球客家地域學術研討會》論文。臺北：師大地理系。

黃慧敏，2006，〈乙未戰爭與客家系列報導之一、二〉。http://news.pchome.

com.tw/life/cna/20060327/index-20060327213727180352.html；http://news.
pchome.com.tw/life/cna/20060327/index-20060327213736180353.html
(2006.3.28)。

溝口雄三，1999，《作為「方法」的中國（方法としての中國）》，林又崇
譯。臺北：國立編譯館。

葛兆光，2002，〈重評90年代日本中國學的新觀念──讀溝口雄三《方法と
しての中國》〉，《二十一世紀》網絡版，2002年12月號，總第9期。

劉紀蕙，2003，〈歷史的精神分析式探問〉。http://www.srcs.nctu.edu.tw/
joyceliu/mworks/PsychoanalyticHistory.htm (2007.7.28)。

戰鬥者，2006，〈讀書感想《作為方法的中國》──界定日本〉。http://
haobnu.bokee.com/viewdiary.13282158.html (2006.10.23)。

羅香林，1987，《客家源流考》。臺北：世界客屬總會秘書處。

客家運動與臺灣多元文化社會發展

摘要

　　本文從處理關於多元文化的兩個問題開始，一是提出多元文化概念的脈絡，二是關於多元文化在實作面向上的不足。這兩部分包括同化政策與多元文化政策的反思，討論大熔爐式的融合，特別是單向同化政策的侷限性，並思考一般討論多元文化議題所牽涉到的結構性限制，這是過去多年客家文化的發展政策脈絡。在這之後，將探討客家運動與臺灣多元文化社會的發展，這部分又分為客家族群運動所引發的議題，及其在社會運動中的實作對臺灣多元文化社會的影響，特別是在公共政策與公領域部分的影響；最後討論即使臺灣已經在憲法中明訂多元文化的法律條文，但是還有許多需要繼續努力的地方。在待完成的計畫這一節，本文認為臺灣做為多元文化社會的理想，還有許多要繼續努力的地方。

關鍵字：客家運動、多元文化社會、文化公民權

一、前言

　　學界對「多元文化」相關議題的討論已有一段時間，各領域針對臺灣社會的研究成果也有相當數量的累積。例如，洪泉湖（2005）等所著《臺灣的多元文化》，除了針對概念起源的引介外，還分別從族群、性別、宗教、鄉土、母語和青少年次文化等面向討論了臺灣的多元文化。[1] 可見「多元族群」的議題，主要是在多元文化的脈絡中，而多元文化並不一定等於多元族群。

　　多元文化相關的思考，對臺灣這塊土地帶來許多實際的影響，例如在教改方面，1996年「教改會」出版的《總諮議報告書》就提出「推展多元文化教育」的理念（張茂桂，2002）。據此，從教育的角度，原住民的教育資源分配問題、漢化或都市化的普適性是否導致他們教育機會不平等，或他們多元潛能如何善用，成為矚目的多元文化教育的焦點；再就性別而言，無論兩性或是不同性別取向者之間的對待與社會期望，將打破過去僅僅預設站在只有男性或只有女性的立場；而身心障礙者將被列為特殊教育的服務對象，他們要能夠適性發展，必須在普遍的教育制度或政策下，獲得特別的扶持與輔助。多元化的思考和顧及不同群體的思考，逐漸開啟臺灣多元文化的制度。

　　本文議題是客家與臺灣多元文化社會的發展，重點將放在客家文化、客家社會文化運動對臺灣多元文化，或多元族群社會的展開所帶來的影響與貢獻，比較不著墨於臺灣多元文化社會的其他面向。

二、同化政策與多元文化政策的反思

　　多元文化主義的興起，可說是針對「同化（assimilation）」政策

1　2005年12月17日在師大舉行的「多元文化與民主公民資質」學術研討會，也大致包括了這幾個領域，甚至還包括多元文化教育在當前學校教育中的問題與挑戰、多元社會中的品德培育困境與挑戰，以及多元文化與弱勢團體等問題。

的反思而來。某種程度來說，美國的民族大熔爐政策、日本在臺灣實施的皇民化運動、國民黨政府來臺以後的國語運動，禁止臺灣居民使用方言，以及針對原住民進行漢化政策等作法，都反應了同化政策的實施，也是屬於多元文化主義所要反省的對象。

首先就美國的歷史而言，其最早所面臨的多元化議題就是種族問題，通過美國族群政策轉變的思考，有助於思考同化政策的限制及多元文化的意義。美國作為「民族大熔爐」的信念，在二十世紀前半大受讚嘆，連美國本身也對此美名引以為傲，因為這反應這個國家意圖讓來自不同地方的不同群體，合併成為一個群體的神聖使命。針對這種族群融合（amalgamation）的意義，王甫昌（1993: 57）指出：「熔爐式的融合方式，最早出現於 1900 年代左右，民族熔爐式的融合，強調的是相互滲透、文化的雙向或多向融合的過程。這個觀點強調的是一種全面性的融合，原先不同團體經過此一過程之後，都丟去了各族群本有的獨特性，而構成一個新的、同質的團體」。基本上，這個過程並非一種強制的過程，而是不同族群因為共享相同的生活場域，擁有共同記憶、歷史的發展，及生活經驗的交融而自然產生。Newman（1973）曾以「A＋B＋C→D」來表示，一個社會中存在的不同群體（A, B, C），在相互影響下造就了一個與原來群體不同而獨特的文化群體（D）。

但是以美國的經驗來看，1920 年以後，美國移民不再以北歐國家為主，許多既有的美國居民則開始不願意接納非裔、亞裔等美國人、猶太人，甚至美國土地上的原住民作為熔爐中的一份子。針對這種現象，洪泉湖（2005: 5-6）等指出，美國「民族大熔爐」的神話曾掩蓋了其中所蘊涵種種實質不平等的真實面，雖然美國在 1776 年的〈獨立宣言〉中明白的寫著：「人人生而平等」，但是卻隱藏著高度排他性的界定。亦即，這個道理僅適用於白人，甚至僅止於具有盎格魯薩克遜血統的清教徒白人。所以，這樣的結果導致有些少數群體開始被邊緣化，為了能夠融入主流群體中，他們的行為可能必須放棄自

己的文化傳統或附和主體標準，或是由主流群體來決定美國文化的走向，致使少數群體必須被迫改變以依循此主導文化，這種族群融合的方式，是單向的同化，人們被要求學習美國文化的Anglo-Conformity模式，意味著損壞少數或劣勢族群的文化，[2] 使其逐漸喪失其文化獨特性的方式，來降低族群的界限，這將預設族群之間不平等的權力分配（王甫昌，1993: 58）。若以Newman（1973）的看法，就是「A＋B＋C→A」，同時凸顯了A群體對其他群體的主宰性與權力。

就美國的歷史經驗來看，這種融合政策受到許多批評，尤其造成許多族群文化之間的歧視與紛爭。美國的多元文化議題真正受到社會普遍的重視，並且由政府正式處理多元文化的問題是從1960年代開始，但是無論平等就業機會法案（EEO）或是弱勢優惠政策（AA）等都仍然有許多反抗聲浪，[3] 因此在理論與觀念上開始有新的主張，強調處理歧視的方式不在消除差異，而是去處理與面對多元文化並肯認彼此的差異。所以，態度也從摒除、拒絕、同化、壓抑與容忍，轉變到建立關係與促進相互尊重，藉由沙拉缽（salad bowl）、馬賽克（mosaic）的隱喻顯現不同族群的文化多樣性，來取代和打破過去美國大熔爐與單向一致性的同化迷思，主要是達到各族群能夠保有自己的文化獨特性，並在和諧及相互尊重的狀態下共存（王雯君，1999）。族群間的多元文化，將是促使美國民主充滿活力及適應力的主要泉源（王甫昌，1993: 59）。若以Newman（1973）的觀點，多元文化的族群融合模式就是「A＋B＋C→A＋B＋C」，也就是

---

2 在這裡，族群的優劣由誰來決定是非常關鍵的。

3 王雯君（1999）在她論文中，從組織管理的角度分析了美國政府或企業組織高層以政策介入多元文化議題的態度，將其分為四個時期：平等就業機會、弱勢優先、重視差異性以及多元文化管理時期。平等就業機會時期主要是政府以法律立法來禁止雇用上的歧視，但是弱勢者由於社會權力結構關係，沒有能力在法律保護下爭取到新的機會。弱勢優先時期是政府試圖利用補救法案來對弱勢群體進行優惠與偏袒，以達成多元化的目的，但是卻被批評為變相歧視與製造多元化假象。重視差異性，主要是組織開始重視人與人之間的差異關係，同時覺察自己的感覺與反省刻板印象。多元文化管理時期，主要是期望能夠善用不同文化的差異，以及不同種族或族群的潛能，以對組織有所貢獻，儘管在沒有法律或組織規範的約制下，仍能夠學習對不同文化或種族者的尊重與欣賞。

說，多元文化主義的思潮促使每個族群都有權利維持對他們本身文化的認同。

這種多元文化理念思考一旦開啟，陸續引發各種不同文化群體，試圖要重新建構起自己與這塊土地上生活的歷史與記憶等相關論述的關係，並爭取各自文化的生存權，於是多元文化主義的議題，加入了越來越多面向的討論。世界各地區，特別是在移民人口眾多的國家中，都對此一多元文化主義的主張做出了重要的迴響（洪泉湖等，2005: 6）。越來越多人肯認差異並存的必要性，而不是去消弭差異以獲取短暫一時的一致性（unity）。Charles Taylor（1994）在承認政治 "The Politics of Recognition" 一文中就認為，差異政治必須奠基在普遍的潛能上，而每個人的獨特潛能必須相同地被尊重，至少在相互交流的文化脈絡下，互相尊重差異才能使不同的文化得以發展。藉由對異文化的比較和體驗，才能更認識自身的文化，進而得以不斷超越與創新。過去的同化政策，忽略不同文化之間的差異性，導致少數文化群體存在的空間與價值被抹殺，他們力圖反抗主流文化力量，拒絕主流群體所崇奉的價值，以爭取自己的文化認同作為訴求，這正是多元文化主義興起的肇端。

上述美國族群關係的反省與思考，對於反思臺灣所面臨的議題具有很大的助益，因為臺灣的多元文化思想，相當程度是這個文化潮流中的一部分。在臺灣被日本殖民統治的時代，日本人對臺灣人實施的皇民化運動，企圖「將臺灣人改造為真正的日本人」，藉由廢止報紙的漢文欄，推行使用日語，禁止使用方言，撤廢寺廟偶像，強制神社參拜，禁止臺灣風俗習慣儀式等等，[4] 這些政策破壞了臺灣的傳統文化，企圖對臺灣人進行精神改造，臺灣人被迫放棄自己本身的文化傳統，而去學習日本的文化。強迫臺灣人說日語的日本人離開後，國民

---

4 皇民化運動。http://www.education.ntu.edu.tw/wwwcourse/91_2/lessonplan3/imperial.htm（閱讀日期 2005/12/4）。

黨政府從中國大陸撤守臺灣，接著又要求臺灣人學習北京話，[5] 臺灣社會中原有的方言（閩南話、客家話及其他原住民語言）受到貶抑，在公開場合以方言交談甚至要受到處罰。[6] 而臺灣各地區的街道名稱擬定，也多以中國大陸當地的地理位置與文化習慣來命名，[7] 教科書中的歷史、地理也多以研讀中國大陸史地為主要範圍。因此，無論是日本或是過去的國民黨政府對臺灣所實施的同化政策，相當程度都抹殺了原住於臺灣的本地人對於本土文化或自我文化的認同與瞭解，教科書所學習的和意識型態所灌輸的，都與自己對於這塊土地的生活記憶脫勾。

前述脈絡作為臺灣多元文化主義反思的議題，帶來七○或八○年代對於本土文化的強調。不過本土文化的強調也往往被過度類推為福老化，這些現象在在顯示不同歷史背景下，同化理念被無形地使用，且暗藏了許多文化權力的不平等。九○年代臺灣多元文化主義的發展，促使原住民委員會、客家委員會的設立，即是政府對不同族群文化的一種積極肯認行動，承認歷史對原住民、對客家族群的疏忽，或承認過去對於原住民、客家族群的沙文主義，並鼓勵在學校裡面推動母語和鄉土文化教學。這段時間多元文化主義在臺灣受到重視，並設立了許多相關的學術單位。[8] 但是在觀念層面的分析和反省相對的卻比較少。

在多元文化教育方面，莊勝義（2004）曾經針對行政院教育改革審議委員會第一期諮議報告書中，關於「教育資源—機會均等」的主題提出問題：例如，原住民教育與兩性平等教育，作為現代多元文化

---

5 和日本時代一樣，都稱為國語，不同的是國民政府時期，國語是指「北京話」。日治時期國語在當時指的是「日語」，當時國語運動的目標在使所有的臺灣人都能講日語。而符合標準的家庭稱「國語家庭」，不僅是大家的模範，而且還享有實質生活上的優惠。

6 特別是在學校說「方言」被罰錢，掛牌子或其他處罰的經驗，曾經是許多人的共同記憶。

7 各地的街名如哈密街、漢口街、南京東西路、重慶南北路等很容易可以在地圖上看到，地方名稱的改稱，如苗栗南庄入口的田尾，變成了田美，高雄的瀰濃，變成了美濃，「尾、瀰、美」客家話發音相同，意不同，這樣的例子俯拾皆是。

8 例如1996年8月，在花蓮師範學院設立「多元文化教育研究所」。

教育的兩個重要主題，相當程度反應了美國自1970年代以來的多元文化教育論述，僅注意到符合公平正義的機會均等之「差異原則」，卻沒能彰顯結構性不公平的「差異政治」議題。在歐美教育學術以及教改會的政策性建議影響之下，臺灣的多元文化教育論述，跟教改會的報告書類似，幾乎都以James Banks等教育學者背景的專著為主要參考文獻，相對地忽視左派或批判立場的多元文化論述。

　　趙剛（2004）在世新大學「多元文化學程」系列講座中，以「多元文化該支持嗎？」反省了多元文化主義的問題，他指出：這個源自1990年代的北美知識份子的多元文化概念是順著八〇年代的文化風潮轉向，「整個政治經濟學議題不談了，整個公民權不談了，社會民主不談了，階級不談了，所有的普世性範疇和價值不談了，開始慶祝多元，追求差異，所謂差異政治順著語言學和文化轉向被呼喚出來」。

　　趙剛進一步指出這種多元文化做為一個修辭，好聽又有說服力，每個人聽了都沒有理由去駁斥它、反對它，大家聽到多元文化都覺得是好事情，就像大家聽到全球化是好事情一樣，或者是我們說冷戰時期和平共存，誰能反對和平共存呢？但是多元文化隱含著權力，掩蓋著現實，而且沒有考慮到階級的問題，也沒有考慮到公民權界限的問題（趙剛，2004）。就像Kymlicka（1995）所認為的在自由民主體制內，少數群體的權利應當區分外來移民（ethnic groups）與少數民族（national minorities），前者是自願選擇到新移居國家來構築未來生活，後者則是非自願地被兼併到新的政治體制中，而遭受不公平待遇。[9] 公民權是有一定範圍的，流動勞工並不包括在內。趙剛（2004）說，多元文化做為一個修辭用在現實生活中的對照，大家馬上會感到不安，而美國雖然是一個民主國家，實際上卻是一個種姓國家。

---

9 Kymlicka這樣的分法曾經受到批評，但是他仍然堅持這種區分的重要性，以及賦予不同性質的少數權利也很重要（Kymlicka, 2004）。

階級問題是多元文化的另一個試金石，趙剛（2004）指出「忘掉階級來慶祝差異。這就是我認為多元文化做為修辭在美國黑白問題無法通過檢測的原因」，「如果階級條件沒被改變，文化論述慶祝多元不是在諷刺嗎？」族群平等，是思考多元族群的基本關懷。差異，也是思考多元族群的重要理念。多元族群的理念，在於如何維持族群之間的平等，也保有族群之間的差異。理論上，維持平等和維持差異有許多困難，例如女性主義的公民身份，「女性主義似乎經常面對兩個選擇，一是融入以男性為本的公民身份，而為了融入，她們不得不否定男性與女性的差異；或者主張某種差異政治，拋棄普遍公民身份的理想，而改追求特有的權利與責任」（Faulks, 2003: 140）。女性主義者公民身份的這個困境，也不是無解，如 Keith Faulks（2003）所言，我們沒理由認為平等與差異必然無解，[10] 這也是下文討論多元族群時所要面臨的議題。

三、客家運動與臺灣多元文化社會的發展

　　客家社會文化運動與臺灣多元文化社會是一個相互發展的關係，某種程度來說，客家運動的進行、客家人的能見度與對客家人的肯認措施，都在臺灣作為多元文化發展的過程中得到凸顯。例如，客家電臺、客家電視臺，甚至於客家學術機構等之設立。從另一方面來看，客家運動，客家文化的復振，客家電視臺的設立，也豐富了臺灣的多元文化面向。

　　本文以下的討論，將著重於臺灣客家運動與客家文化復振的各種

---

10 這方面 Pateman 指出「早期女性公民身份的行動者，譬如 Mary Wollstonecraft 不僅主張權利的平等，而且要求人們承認男女的差異。要著手達成此一目標的唯一方式，是接受一套以關係為本的，而不是以孤立個人為本的公民身份理論。正如 Pateman 所主張的，只能在平等與差異間擇一的說法是錯的。以關係為本的公民身份是平等與差異為互補的價值，阻礙這類公民身份發展成形的主要障礙，則是宰制的關係」（Pateman, 1992；引自 Faulks, 2003: 140-141）。

活動，對臺灣多元文化所具有的意義，特別是從相關的政策與公共領域的面向來分析，避免停留在多元文化的修辭上。多元族群作為多元文化的一個面向，我們必須兼顧族群間的平等與差異，在討論多元族群時需要處理其階級和公民權的問題。這些討論，在理論上還有許多需要進一步辯析之處，不過客家運動牽涉到許多公共政策，牽動了臺灣社會整體的變遷，客家文化復振的發展，也帶來了臺灣社會更進一步朝向多元文化的發展。

關於多元文化或多元族群的追求，如果只是說說，空有多元文化的修辭，並不會就造成多元文化的社會。多元文化既然成為政府的政策，就需要有方法，有規劃的來形成政策並實施，由公部門以公共的資源，公共政策來保存其差異，維持其平等。過去的臺灣社會未必不具有多元文化的條件，但是不同的文化、不同的族群之間，可能缺乏彼此正面的肯認。多元文化主義牽涉到承認政治，不能只停留在觀念上，多元文化主義相關政策的提出與施行有它的重要性，只有在具有對他者的承認之下，才得以展開多元文化社會的可能性。正如具有原住民背景的浦忠成提到，「多元文化的理念，成為現今處理多元民族文化社會的重要思維與型態。多元文化主義是一種觀念、立場和實踐的作為，一個多元社會的性別、種族、族群與文化的多樣性，都必須反映在社會機構的所有機制結構中，包括成員、價值規範、課程以及學生組成」（浦忠成，2004: 43）。

以下的討論先從臺灣本土化來看臺灣客家文化的發展，然後再分析客家運動與客家文化復振的推動，對臺灣多元文化社會的影響。

（一）本土化、多元文化與客家運動

1997年臺灣通過「憲法增修條文」第十條第九項，明訂「國家肯定多元文化，並積極維護發展原住民族語言及文化」，雖然此一條文所針對的是原住民族，但其所彰顯的多元文化精神，也同樣適用於其他非主流族群（張錦華，2004: 37）。

由歷史觀察可知，臺灣多元文化與本土化之發展約略同時展開，[11] 臺灣「四大族群」與多元文化／族群的世界觀，從1997年下半年開始，成為下一代臺灣國民必須具備的基本「公民與道德」認知領域（張茂桂，2002）。在這之前，可以說雖然也存在這四大族群，但是在肯認客家的差異之前，並沒有客家政策，族群關係以融合為目標，客家被放在漢人的分類中，不強調其特質，即使像人類學家孔麥隆（M. Cohen, 1976），在美濃這樣的客家村落進行人類學研究，也只是將之視為研究漢人社會的實驗室，嚴格來說並沒有承認客家的獨特性。

　　在臺灣，行政院客家委員會成立之前，客家族群的差異性，並不被國家正式承認。「臺灣受到中國的影響，一向只有『漢 vs. 非漢』之別、或是『華 vs. 夷』之辨，也就是所謂的漢、滿、蒙、回、藏的分類；當漢人／漢民族自我定位為中國的原本住民之際，其他的人就被視為少數民族（national minority）。在這樣的認識下，客家人既然被認為只是漢人的一個方言群而已，並未被特別的分列出來」（施正鋒，2002）。

　　1970年代中葉以後，臺灣本土性反對運動在全球化的趨勢脈絡帶動下，促使臺灣的政治自由與民主化。1980年代反對運動鼓吹本土化，也吹起了客家族群意識，[12] 學者們開始正視客家社會所面臨的四大問題：客家話流失與文化滅絕、重建歷史詮釋權來扭轉客家人形象、建立爭取客家人在政經體制下合理的權益、重建合理的族群關係（徐正光，1991: 8-9）。2001年行政院客家委員會成立，客家議題在臺灣有了中央專責機構來處理，「客家」顯然開始成為熱門的話題，

---

11 本土化似乎也是和全球化與時俱進。
12 1987年客家權益促進會組成，以及《客家風雲雜誌》創辦，是客家運動的里程碑。而1988年12月28日客家權益促進會舉辦「還我母語」大遊行，將臺灣的客家文化運動正式搬上檯面（王甫昌，2003: 136-141）。

客家人開始設法逐漸擺脫過去那段「本土化＝福老化」的陰影。[13]
2003年7月以客家語播音的客家電視頻道開播，客語與客家影像終於
有了現形發聲的管道。2003年8月在桃園的國立中央大學成立了全臺
第一個客家社會文化研究所與客家學院。2004年之後陸續有多所大
學成立客家研究之系所與研究中心，客家文化在臺灣逐漸受到重視。
當然，這些並非標榜客家文化之偉大，或政府的德政，而是我們有必
要對文化多元差異的良知承認，我們能夠對共同構成這個社會的文化
與歷史有共同的興趣，也能夠學習欣賞不同族群的文化，接納不同族
群的語言，並尊重不同族群的生活方式。

（二）民主臺灣與客家政策

　　多元族群的議題，並非只有彼此的尊重與容忍，也不只是進一步
的瞭解和欣賞，它還牽涉到使用公共資源的國家政策。長期以來，臺
灣客家族群的語言權與文化權總是被有意或無意的忽視，只有在選舉
期間才稍稍受到政治人物的重視。與客家族群文化相關的議題，牽涉
到公共資源的使用，便與社會的規範性判斷有關，這種判斷可能是通
過公共政策的形式，挹注公共的資源來進行弱勢族群文化之推廣與維
繫，例如公共電視、廣播資源的分配原則，乃至於商業性電視臺強制
性服務的比率之制訂，公共場所的語言政策之確定，學校教育中母語
教學的比率與實施方式，社區營造與文化、生態產業的開發與規劃政
策，這些多數牽涉到公共資源之使用與政策推行。客家族群的努力或
客家運動的目標，相當程度的推動了臺灣多元族群與多元文化的發
展。

　　在這個過程中，臺灣的民主選舉是一個重要的平臺。在肯認多元
文化的前提下，各政黨的族群政策與具體方案的提出，都是落實多元
文化的一種方式。政策的提出與方案的制訂固然有許多可能的來源，

---

13 這是一個有待完成的計畫，參見下文說明。

在政黨政治的社會中，政策主張表現在政黨選舉的政見乃為常態。從最近兩次的總統選舉，與北高兩市的直轄市市長選舉時的客家政策白皮書的分析可知（張維安、王雯君、范振乾，2004），幾乎所有的候選人都有客家文化相關的政策，以2000年總統大選為例，四組總統參選人分別都提出了客家政策主張，包括連戰從「關懷社會」出發，強調勤儉、忠義、感恩、硬頸客家精神，提出成立「行政院客家事務委員會」、制定「族群文化與語言保護法」、專案支持大學的客家文化研究、設立「世界客家博物館」、以及拔擢一定比例客籍政務官等五大主張；許信良以身為桃園中壢出身的客家人角度切入，提出客家整體性政策的構想及客家地方政策的看法；宋楚瑜從客家人政治地位日漸低落和客語流失日益嚴重雙重危機，提出拔擢客籍菁英擔任公職、設立「客家事務委員會」、保存客語、保存客家文化、建設客家地區、保護客家農業及推動客家社團對外交流等多項主張；陳水扁則提出重建認同基礎與活化客語以挽救客家危機，並提出義民大學、設立「客家事務委員會」、設置「客語頻道」、制訂「語言平等法」、舉辦「客家文化節」、設立「客家社區學院」與「客家幼稚園」、輔導獎助成立各類客家禮俗技藝研習班等七項政見。綜合四組總統候選人所提出的客家政策可發現，大目標均著重在挽救客家語言和文化，強調客家族群特有的族群精神價值需要加以發揚，並以設立世界客家博物館、客家事務委員會、制定語言保護法、拔擢客籍菁英的具體方案，採取積極作為以重建客家人對政治領導的信心，提升獲得客家族群認同的正當性。[14]

再以2004年總統選舉的客家政策白皮書來看，陳水扁、呂秀蓮與連戰、宋楚瑜兩組候選人，也分別都推出客家政策的主張，但大致與前一次的內容相近。[15] 前者指出，臺灣客家文化弱勢乃至發生傳承

---

14 客家族群在人數上位於「關鍵性少數」的政治位置很重要，否則不容易發揮政治的槓桿作用。

15 有些還是舊的架構，特別是在中央大學與交通大學客家學院成立之後，還有設立義民大學的政見，可見新版白皮書並沒有反應客家社會新的需要。

危機的根本原因在於：認同基礎受到無法自癒的摧折，傳媒資源的匱乏，以及因而導致的個體孤立隱形。國親聯盟的客家政策白皮書，則強調臺灣是一個多族群的地方，多元的文化使得臺灣多采多姿、生氣蓬勃。任何族群的文化都是臺灣的寶藏，臺灣人民都有義務保存它。事實上，客家文化的傳承，不單是客家族群自己的事，更是臺灣人民尊重客家語言權與文化權的必要行動。臺北市與高雄市的市長選舉時，不同陣營也分別提出相關的客家政策。[16] 政治民主的社會制度，建構了多元文化社會的平臺，留下了多元族群發展的可能性。

（三）客家文化公民權

由於民主選舉的機制，客家政策得到一些重視，但是客家文化的公共政策不應視為執政者的恩惠。在多元文化主義的思考下，這些族群文化政策，應該是被視為一種文化公民權。關於文化公民權的討論，張翰璧、吳鯤魯（2003: 193）指出，「文化權必須提升到公共領域、制度化的層面來討論，承認不同族群之文化身份，使不同族群可以處於更平等的地位，這是積極承認文化差異的方式，我們稱之為文化公民權（cultural citizenship），它保障所有的族群都有機會維持一個不同的文化。文化公民權的提出，是在人權的基礎上增加對文化權的強調，保障所有族群都有機會維持其特有的文化，如此才能使所有族群成員的文化身份受到平等保障」。

以客家語言的傳承為例，客語的使用在臺灣長時期受到政策的忽略與打壓。有許多人認為語言只不過是一種溝通的工具。[17] 這是一個很大的誤解。語言不僅是一種溝通的工具，更是傳承文化、負載認同、代表尊嚴的媒介，所以被視為族群的一種基本權利。在一個有多元族群的國家裡，對於少數族群來說，原生的獨特語言往往是最方便

---

16 進一步的分析可參考陳文浩（2003a; 2003b）的觀點。
17 當然也包括有客家人有這種看法。

的族群辨識標誌。此外，不僅語言的有無代表著集體生存的指標，語言的地位更象徵著族群之間的權力關係是否平等（施正鋒，2002）。客家族群雖是臺灣的第二大族群，但在推行國語的政策影響下，在公共領域無法使用客家話交談，長期以來客語廣播節目不僅數量稀少，播出時段也冷僻，客家族群的傳播權益未受重視。在教育與傳播體系強勢語言的影響下，會說客家話的客家子弟逐漸減少，客家文化的傳承面臨斷層（陳清河、林佩君，2004: 58）。

就西方國家的傳統來說，語言權（linguistic rights）是少數族群權利（minority rights）的一種，除了必須加以保障，國家更要想辦法去發展，因此，絕對不能加以限制（施正鋒，2002）。客家語言相關政策的提出，不應是執政者的施捨，而是客家人應該有的權利，客家人作為這個社會的公民，特別是語言文化弱勢的公民，其文化公民權的提倡，對於達成多元文化社會的「尊重差異，維持平等」的建構，以及族群和諧有重要的貢獻。客家人的語言權，文化公民權的提倡，對於其他族群權益的覺醒，也具有重要的意義。

（四）客家傳播權

在臺灣，客家語言、文化長期處於弱勢，在廣電媒體上也不受重視，多年來客家人極力爭取體制內的廣播、電視增加客語節目，但往往只是零星點綴性的出現在主流媒體的冷門時段，無法滿足客家人的需求（陳清河、林佩君，2004: 61）。從這些說明中可以清楚的瞭解，過去客家族群的語言與文化權並未伸張，這也是客家社會文化運動的重要訴求。如前所述客家族群作為這個社會的公民，應主張客家文化公民權的實現。其中，與客家文化公民權最密切相關的就是客家族群的傳播權。

在整個客家社會文化運動的過程中，主要是圍繞著語言文化的危機，而這個議題與客家族群的傳播權，具有密切的關係。1988年的「還我母語」運動特別針對造成客語流失的因素提出三大訴求：「全

面開放客語電視節目；修改「廣電法」20條對方言之限制條款為保障條款；建立多元開放的語言政策」。三項訴求中有兩項和傳播媒體有關，可見媒體的近用權是客家母語運動的主要訴求，與客家文化之興亡有密切的關係。

有人認為在族群文化教育與語言不再受到官方政策打壓之後，似乎便得到了生機。不過不一定是事實，以語言或文化的流失為例，有人認為母語的學習或文化的傳承應由家庭負起責任，一個家庭如果沒有把母語教給下一代，或讓年輕一代學習自己的文化，不能怪誰，因為現在已經沒有聽說學生因為不講國語就要罰錢，或在脖子上掛上牌子的事情。表面上是對的，但是這個說法忽略了客家文化式微的歷史因素，因為客家語言的流失和這個族群所擁有的傳播環境有密切關係。長期以來公領域傳播資源的分配，即是忽略了客家族群的傳播權益。從這裡來看，客家電視臺的設立，不能視為政府的施捨，從文化公民權來看這是一份文化的權利，客家族群的傳播權。客家族群傳播權的提倡，對於其他族群的權益有正面的意義。

（五）客家文化復振與多元文化

表面上看起來，客家社會文化運動是替客家族群爭權益，實際上也在建構臺灣多元文化的社會。以客家電視臺的設立對客家語言的意義為例，電視媒體固然增加年輕客家子弟學習客語的機會，但是增進社會的接觸並瞭解客家文化，甚至學習客語則是社會性的。客家電視臺的設立與開播，提供整個社會更多接觸客家語言文化的管道，期許因接觸而有更多的瞭解，因為瞭解而有更深的尊重，這是促成多元文化社會的重要機制。「而客家電視藉由無論優質、趣味、深度、傳統、創新之各層面考慮之客家節目的傳播，在臺灣社會中，人文、人本、藝術、科技、產業，甚至各文化、次文化之刺激，應會產生不同的文化衝擊，也許已然造成文化衝擊，一個族群、一個電視臺、一個文化之示範效果，必會影響其他族群之深思，更是整體對臺灣社會之

影響」（林仲亮，2003: 137）。

　　客家文化的推展，除了替客家文化爭取發展的機會，也帶給臺灣社會更豐富多元的文化環境。客家文化運動的經驗也豐富了原住民文化運動的內涵，例如客家電視臺的設立，提供了原住民電視臺的借鏡，客家母語教學的推動，也帶動整個社會學習母語的趨勢。客家語言的學習推廣，客家文化的推動與發明，豐富了臺灣文化的多元性。

　　實際上，客家族群在臺灣多元文化的建構過程中，相當能夠作為多元文化推動的族群，特別是客家人是一群熟悉自己的文化，也熟悉他人文化的族群。就族群結構而言，客家人具有樞紐的地位，例如，客家人在戰前被「福老化」的不少，戰後與外省人通婚的也相當多，應該可以積極扮演本省、外省之間緩解的橋樑。[18] 此外，客家族群或許因為語言上的天份或是文風較盛，因此在主流媒體的影響力遠勝於福老人，除了擔任族群的喉舌，或可振衰起敝，領導臺灣族群關係的建構（施正鋒，2002）。

　　「客家人也是臺灣人」、「客家話也是臺灣話」的社會文化運動，也對臺灣多元文化主義的形成具有意義。因為這樣的努力，臺灣才能從多元族群的角度來看待他們的構造，雖然在實質的生活文化上，多族群社會的理想還是一個未竟的理想，但「四大族群」的想像也漸漸為這個社會所接受。[19]

　　近年來通過客家委員會以及各級政府和民間所推廣的客家文化，不論是舊文化的復興，或新傳統的發明，客家社會文化復振的各層面，都對臺灣成為一個多元文化的社會有相當大的衝擊。

---

18 客家族群與其他族群的外婚比例相當高，請參考本書〈客家研究議題：多元、凝聚與比較研究〉這一章。

19 近年來，由於加入臺灣的新住民人數漸多，人們也很容易接受「五大族群」的分法。

四、多元文化主義：臺灣社會需要努力完成的計畫

雖然臺灣客家族群的社會文化運動，對臺灣多元社會的形成具有某種程度的意義，但是，不論是客家族群的文化公民權，或者是臺灣多元社會的構造，都還是一個未完成的計畫（incomplete project），例如在許多公共領域，還不能說客家話，以2005年10月5日發生在國會的質詢為例，朱鳳芝委員對客家委員會李永得主委說：說客家話凸顯客家文化的方式，是「排擠別人，成就自己的方式」，也是「一種自卑、沒自信的表現」（張維安，2005a）。又如，雖然規定在公共交通工具中要播放客家語，但是許多業者仍以敷衍縮水的方式為之，表十一（播音的順序與時間）是遠東航空的客語與其他語言的播音時間之比較（張維安，2005b）。就是到了2015年，從一開始就有客語播音的臺灣高鐵公司，用人工廣播的時候，就是沒有客語的這部分。這些現象顯示出，客語在臺灣社會的使用仍未被相同對待。

再就客語廣播來看，截至2002年，由於電波開放而新成立的客家電臺，有桃園的新客家廣播電臺、苗栗的客家文化電臺、臺北的寶島客家電臺、臺中的地球村電臺等，再加上中國廣播公司於1997年在臺北新成立的中廣客家頻道，表面上客家廣播在電波頻率開放後數量相對的增加，但相較於客家族群在全臺灣人口所佔之比例，客家廣播電臺的數目仍是不及其人口比例（關尚仁，2002: 9-10；轉引自林彥亨，2003: ch2）。再度說明客語並未獲得應有的空間，臺灣作為一

表十一：播音的順序與時間

播音順序	語言	播音開始	播音結束	總時間
1	國語	00.11	00.42	00.31
2	英語	00.45	01.21	00.36
3	閩南語	01.23	01.50	00.27
4	客語	01.52	01.59	00.07

單位：秒

個尊重差異，維持平等的多元文化社會，在許多層面都有需要努力的空間。

除了公共領域對客家語言文化的不夠重視之外，有許多人不瞭解提倡客家文化對臺灣多元文化社會形成所具有的意義，甚至根本不認識多元文化主義的重要性。例如，行政院客家委員會的設立，「在政治上的意義是，佔有臺灣人口至少百分之十五（四百萬）的客家人，首度被國家體制承認，這也是客家菁英十多年來從事社會運動的開花」（施正鋒，2002）。「但在政府改造呼聲中，客家委員會的存在一直被強烈質疑，甚至不少客家菁英也不是很贊成客家委員會的設立，理由大致是客家人並不像原住民一般需要國家的保障，彷彿擔心族人會淪為少數族群的地位，甚至於被污名化為二等公民」（施正鋒，2002）。[20]「如果大家能以同理心作出發點，嘗試著去體會客家人長期以來對於語言、文化消失所感受到的危機感的話，至少應該能欣然接受在行政部門另外成立客家委員會的正當性」（施正鋒，2002）。如果大家能夠從客家社會文化的復振對臺灣多元文化的貢獻來看待，便能體會客家委員會設立對客家、對臺灣的重要性。

臺灣多元文化社會的建構之所以是一個需要努力完成的計畫，除了前述的情形外，對客家族群來說，則是對福老沙文主義的焦慮。雖然過去客家人以及閩南人的語言、文化都不被國民黨政府所認可，不過這段各自族群語言、文化不受重視的共同歷史經驗，似乎並沒有帶來今日臺灣更細心的做到尊重差異，維持平等的理想。彭鑫（2003）指出，「臺灣過去的族群關係歷史上，基本上是多數者壓迫少數者，強勢者欺壓弱勢者。在臺灣人民共同努力下，少數強勢的統治歷史已逐漸淡出（fade out）。而今，少數族群所憂慮的是，是否會有新的單一族群文化霸權淡入（fade in）」？楊長鎮（1997）也說：「從近

---

20 到目前為止，一般人恐怕仍然不知為何要特別成立部會層級的客委會，也有人質疑將來是否也要循例設置外省、或是鶴老（福老）委員會（施正鋒，2002），而事實上，這樣的想法在立法院已經有委員正式提案。

兩、三年來《客家》雜誌及『寶島客家電臺』形成的客家人公共論壇來看，雖然臺灣客家族群的一體感已經建構出來，但受福老族群支配的焦慮卻一直存在。抨擊『福老沙文主義』的論述可謂常見，這其中最主要的是關於『客家話（人）—臺灣話（人）—福老話（人）』關係的討論。普遍的現象是，抗議福老人族群歷史的約定俗成：臺灣人即福老人，臺灣話即福老話」。相似的觀察也出現在施正鋒（2002）的論文：「客家運動始於1980年代中期，自始以『還我母語』為訴求的主軸，可以視為客家族群就本土（native）的一份子，對國民黨政權的『獨尊國語』政策提出強烈的抗議。同時，這也反映出客家人對於鶴老族群文化壓力的焦慮，也就是委婉表達對所謂『自然同化』』的反對；特別是對於所謂『臺灣話』、或是『臺灣人』議題的關注，可以解釋為不願集體認同（collective identity）被排除在外的期待」。

羅香林議題關心的是一個正名的問題，就是客家人是不是漢人？臺灣客家運動提出的「新的客家人」觀點，所關心的是另外一個正名的議題，即是「客家人也是臺灣人」、「客家話也是臺灣話」。在多元文化主義的思維之下，在客家族群之內，[21] 正努力邁向承認差異與維持平等，對其他族群則更需大力推動族群之間的承認差異與維持平等。施正鋒（2002）說：「坦承而言，大多數鶴老族群對於客家人的心境大體欠缺同理心，因此，大而化之的做法難免被解釋為視若無睹、甚至於是不屑一顧」。

臺灣多元文化社會建構的過程中，客家族群所做的貢獻仍未被正面、充分的肯認。[22] 相同的，外省人的身份也未能被加以肯認，這方

---

21 客家族群之內，不論是語言、文化與生活方式也表現出多元性的特徵。

22 基於此點，「臺灣客家研究學會」（twhk.groups.com.tw）在2005年12月24日舉辦「乙未戰爭與客家學術研討會」（臺北市臺灣師範大學教育大樓二樓「國際會議中心」），其目的便在於重新定位客家族群在臺灣社會發展中所作的貢獻。鍾肇政所譜的「新个客家人」的詞，則相當程度表現出與臺灣這塊土地的感情。

面張茂桂（1993: 11）在〈省籍問題與民族主義〉一文中指出，「當本土化過程可能是他們的社會成分，要由一個原來不是問題的insider中國人身份，被宣告為一個有問題outsider的身份時，危機意識與內聚性（solidarity）因而更被凸顯」。在多元文化的概念中，未能將「外省」臺灣人置於界限之內來討論，是為不足。

相同的，四大族群之外的其他族群，例如近日走上街頭的外勞，以及日益增加的外籍配偶（及他們的下一代），他們的文化，身份和語言，是不是都有被承認其差異並維持其平等？這是臺灣社會一個需要努力完成的計畫。

五、結語

重視客家文化，提倡客家文化公民權，強調客家族群的傳播權，並非只為了客家而排擠別人，客家委員會對於客家文化的推廣，並不只是讓客家人喜歡客家文化，尤其需要讓其他族群的朋友都能認識、喜歡客家文化。就像施正鋒（2002）所言：「我們對於客家委員會有著無限的企盼，殷望她不只是推動客家文化的母親，更是促進族群共榮的推手。衷心祝禱客家委員會的努力早日結果」。

客家電視臺的功能也是如此，客家電視臺，應朝向營造多元文化的目標，「將客家電視臺加以擴充，重新定位為以客家族群為主體的多元文化電視臺」（施正鋒，2004）。客家文化除了發揚傳統客家文化的特質外，也發明新的客家傳統文化的內涵。近年來，行政院客家委員會相繼舉辦客家桐花祭、客家花布、大家來看收冬戲與客家文化藝術節等，更加強化了客家作為臺灣多元文化價值的重要性。

多元文化主義，除了文化多元之外，還牽涉到許多結構多元主義所關心的公民權問題與階級問題等等，這些都牽涉到更深入的公共資源分配的議題，如文化公民權、社會肯認、公領域的政策。客家語言不能只視為溝通工具，客家語言作為「文化語言」，客家文化作為臺

灣多元文化的一部分,必須有相關的政策。本文此種主張的規範性基礎,以接受前述多元文化價值觀為前提。一個政策之決定,除了像 M. Weber 筆下的政治家所需具備的「責任倫理」的判斷之外,更重要是其所立足之價值規範的正當性,多元文化價值觀的典範,與這些多元文化主義的政策有密切的關係。臺灣多元文化社會發展,需要有更多的反省、批判與彼此的瞭解與欣賞。

(本文曾經刊登於張秀雄等編,《多元文化與公民教育》,頁163-188。)

參考資料

Cohen, Myron L., 1976, *House united, house divided: the Chinese family in Taiwan.* New York: Columbia University Press.

Gordon, Milton M., 1964, *Assimilation in American Life: The Role of Race, Religion, and National Origins.* New York: Oxford University Press.

Kymlicka, Will, 1995, "Rethinking the Liberal Tradition," in *Multicultural Citizenship: A liberal Theory of Minority Rights.* New York: Oxford University Press.

Kymlicka, Will, 2004，《少數群體的權利：民族主義、多元文化主義與公民權》，鄧風紅譯。臺北：左岸文化。

Newman, W. M., 1973, *American Pluralism: A Study of Minority Groups and Social Theory.* New York: Harper & Row.

Pateman, C., 1992, "Equality, difference, subordination: The politics of motherhood and women's citizenship," in G. Bock and S. James (eds.), *Beyond Equality and Difference*, pp. 17-31. London: Routledge.

Schermerhorn, R. A., 1978, *Comparative Ethnic Relations: A Framework for Theory and Research.* Chicago: University of Chicago Press.

Taylor, Charles, 1994, "The Politics of Recognition," in Amy Gutman (eds.), *Multiculturalism: Examining the Politics of Recognition.* New Jersey: Princeton University Press.

王甫昌，1993，〈省籍融合本質：一個理論與經驗的探討〉，張茂桂等，《族群關係與國家認同》。頁53-100。臺北：業強。

王雯君，1999，〈多元文化管理之研究：以臺北市原住民就業為例〉。臺北：國立政治大學公共行政研究所碩士論文。

林仲亮，2003，〈客家電視對社會之影響〉，《關懷與期許：客家電視對社會之影響》座談會論文。中壢：中央大學客家社會文化研究所。

林彥亨，2003，〈客家意象之形塑——臺灣客家廣播的文化再現〉。新竹：清大人類所碩士論文。

施正鋒，2002，〈客家族群與國家——多元文化主義的觀點〉，《客家公共政策研討會》論文。行政院客家委員會主辦，清華大學社會所，2002.6.21-22。

施正鋒，2004，〈從多元文化主義看客家電臺〉，《2004年客家電視臺研討會》論文。財團法人臺北市客家文化基金會主辦。臺北：國家圖書館國際會議廳，2004.10.12。

洪泉湖等，2005，《臺灣的多元文化》。臺北：五南圖書公司。

徐正光編，1991，《徘徊於族群和現實之間／客家社會與文化》。臺北市：正中書局。

浦忠成，2004，〈弱勢族群媒體與其語言文化發展〉，《族群與文化發展會議——族群語言之保存與發展分組會議》論文。臺北：行政院客家委員會。

張茂桂，1993，〈共同體的追尋與族群問題——序論〉，張茂桂等，《族群關係與國家認同》，頁1-26。臺北：業強。

張茂桂，2002，〈臺灣是多元文化國家？〉，《文化研究月報》，十三期。http://www.ncu.edu.tw/~eng/csa/journal/journal_park86.htm（閱讀日期2005/11/8）。

張維安，2005a，〈說客家話為何自卑？〉，《自由時報》，2005/10/14。

張維安，2005b，〈國內班機四種語言的播音時間與內容〉，《國立中央大學客家學院電子報》，第031期。http://140.115.170.1/Hakkacollege/big5/network/paper/paper31/paper.html（閱讀日期2005/11/8）。

張維安、王雯君、范振乾，2004，〈市場與政策：客家族群教育政策分析〉。《族群教育政策研討會》論文。中壢：國立中央大學客家學院，2004.6.23。

張翰璧、吳鯤魯，2003，〈文化公民權的政治經濟分析〉，《2003全球客家文化會議》論文。臺北：行政院客家委員會。

張錦華，2004，〈傳播媒體報導弱勢族群的語言建議——從多元文化觀點檢視〉，《族群與文化發展會議——族群語言之保存與發展分組會議》論

文。臺北：行政院客家委員會。

莊勝義，2004，〈多元文化與臺灣社會〉，《中山思想與人文社會科學學術研討會專刊》，頁193-210。嘉義：吳鳳技術學院，2004.4.8-9。

陳文浩，2003a，〈臺北市長候選人客家政策比一比〉，《國政研究報告》，2003.1.7。http://www.npf.org.tw/PUBLICATION/EC/092/EC-R-092-001.htm（閱讀日期2005/11/8）。

陳文浩，2003b，〈高雄市長選舉客家政策比一比〉，《國政研究報告》，2003.4.7。http://www.npf.org.tw/PUBLICATION/EC/092/EC-B-092-023.htm（閱讀日期2005/11/8）。

陳清河、林佩君，2004，〈語言傳播政策與弱勢傳播接近權的省思〉，《族群與文化發展會議——族群語言之保存與發展分組會議》論文。臺北：行政院客家委員會。

彭鑫，2003，〈本土化應建立在多元文化的價值反思之上〉，《共和國雜誌》，34期，2003年11月。http://www.taiwannation.org.tw/republic/rep31-40/no34_08.htm（閱讀日期2005/11/8）。

楊長鎮，1997，〈民族工程學中的客家論述〉，施正鋒編，《族群政治與政策》，頁17-35。臺北：前衛出版社。

趙剛，2004，〈多元文化該支持嗎？〉，《世新大學多元文化學程系列講座之二》。http://cc.shu.edu.tw/~mcp/lecture_02.htm（閱讀日期2005/11/8）。

關尚仁，2002，〈多元文化環境下的客家廣電傳播政策〉，《客家公共政策研討會》論文。新竹：清大社會學研究所。

客家研究與臺灣社會的主體性[*]

摘 要

　　本文主要目的在於通過臺灣客家研究意義的分析，說明其對臺灣社會主體性建構的意義。客家研究意義具有多樣性，除了作為客家族群文化與認同研究之外，也可以作為一種區域研究和本土研究。本文以臺灣客家研究作為一種認識臺灣社會的方法為軸線，除前言外分為五個部分：（1）早期臺灣客家移民，分析其被污名化的現象以正確認識臺灣客家移民；（2）早期臺灣客家拓墾區與原住民；（3）臺灣客家族群的原住民成分，則討論客家族群與臺灣原住民的互動及客家在地性特色的浮現；（4）義民：這是臺灣客家的獨特信仰，也是臺灣客家族群的在地特性之一；（5）結語：分別討論客家作為方法與客家史觀的意義，主要強調客家人在臺灣歷史建構過程中所扮演的角色，通過客家史觀重新認識臺灣歷史，客家作為方法也具有相同的用意。整體而言，本文強調通過臺灣客家來瞭解臺灣社會特質的建構，也通過臺灣社會來瞭解臺灣客家族群的特性。

關鍵字：臺灣客家與原住民、客家作為方法、客家史觀、義民信仰

───────────
＊本文作者為薛雲峰與張維安，論文發表之時，第一作者薛雲峰為中央研究院社會學研究所博士後研究員。本文之完成除了感謝薛雲峰博士在博士論文的基礎上參與寫作外，也要感謝審查人的意見及國立交通大學客家學院研究助理郭貽菱協助註腳格式的整理與校稿。

一、前言

　　客家人雖然已經存在很久，但歷史上卻在晚近才出現具有族群意識的客家人。相同的，客家作為一個族群研究的對象與客家研究成為一門學問也是晚近才有的發展。在多元文化概念架構下，客家文化運動促進了臺灣社會文化的豐富性，客家研究則提供了客家文化運動的基礎，尤其是在客家文化的創新方面提供了學理的思考以及比較分析的意涵。如本書其他章節所強調，客家研究不只是豐富客家人的文化、增進客家族群的認同與自尊，客家研究在豐富臺灣客家文化的同時，也豐富了臺灣多元文化的內涵，客家研究是認識臺灣社會文化不可跳過的一環。

　　長時期以來，客家研究一直扮演著通過反抗、澄清來進行，從反抗主流社會對客家的污名化或邊緣化來重建客家社會，通過確認客家對在地整體社會的貢獻及其存在的價值，來重建客家族群的價值及其與社會的關係。從二十世紀初期中國學者羅香林關於客家「漢」與「非漢」的討論，至臺灣1980年代以後凸顯臺灣客家族群的「隱」與「顯」，直到二十一世紀再度強化「臺灣客家」的獨特性三階段的「客家運動」軸線中，我們發現這個社會缺乏客家觀點的詮釋，甚至造成歷史詮釋的扭曲以及對客家人的誤解。客家族群作為臺灣社會的一份子，在臺灣社會發展過程中有許多貢獻，本文主張認識客家族群的性質、認識客家族群對臺灣社會的貢獻，就是認識臺灣社會的一種觀點。因此，關於臺灣客家研究與臺灣社會主體性關係的討論，本文認為首先應該要正確的認識臺灣的客家人，認識臺灣客家人對臺灣史的貢獻，以及認識臺灣客家人對當代臺灣社會的貢獻。臺灣客家人的貢獻是建構臺灣社會不可或缺的一環，客家研究提供瞭解客家人與臺灣社會關係的一條途徑。

　　下文的討論，首先討論早期臺灣客家移民被污名化的現象，希望通過釐清而能正確認識臺灣客家移民，接著分析客家族群與臺灣原住

民的互動關係及其地方特色的浮現，最後從多元文化的觀點，提出客家史觀作為認識臺灣歷史的角度以及客家研究作為一種認識臺灣社會的方法的意義，以此為基礎重新認識客家研究與臺灣主體性的關係。

二、臺灣早期客家移民

客家人移墾臺灣的最早年代雖已不可考，不過相關文獻指出十六世紀之前可能已有客家人到臺灣定居（Wirth, 1957/1989: 30；Riess, 1897/1956: 1-9；薛雲峰，2009），只是來得早，未必能佔到優勢。據伊能嘉矩之紀錄，1684年清帝國將臺灣納入版圖之際，官方曾發布〈臺灣編查流寓之例〉之「六部處分則例」，說明清廷雖把臺灣納入版圖卻不願意讓大量漢人留在臺灣，甚至還頒布了渡臺三禁令：（1）欲渡航赴臺灣者，先給原籍地方之照單，經分巡臺廈兵備道之稽查，依臺灣海防同知之審驗許之，潛渡者處以嚴罰。（2）渡航臺灣者，不准攜伴家眷，既渡航者不得招致之。（3）粵地（廣東）屢為海盜淵藪，以其積習未脫，禁其民之渡臺（伊能嘉矩，1985: 409）。

其中第三條禁令很明顯的是針對廣東海盜而設，或說是針對客家人所設的渡臺禁令，這也是普遍認為客家人來臺的人數遠少於福老人的主要原因（劉還月編，2001: 8-9）。

儘管有些中國學者以清帝國的中央文書並未發現這項禁令為由，因而推斷官方應該沒有實施過這三項禁令；但從康熙末年的首任巡臺御史黃叔璥所錄：「終將軍施琅之世，嚴禁粵中惠、潮之民，不許渡臺。蓋惡惠、潮之地素為海盜淵藪，而積習未忘也。琅歿，漸弛其禁，惠、潮民乃得越渡」（黃叔璥，1722/1999: 92）。可以知道，這項禁令確實曾被實施過，實施的理由也與「六部處分則例」相同，而施琅以靖海侯之尊且兼管福建水師，以他的身份要施行這項禁令，恐也無須特別向中央報准（邱榮裕，2007: 7）。只是，施琅是福建泉州

人，他本身的崛起也是承自泉州海盜鄭芝龍父子一脈（戴寶村，2006: 74-78），所以要說廣東「屢為海盜淵藪」，那麼福建更是不遑多讓。由此也不難看出，早在清帝國領臺之初，閩粵的仇怨即已浮上檯面。

這樣的情況也反映在臺灣不少地方志對客家人的污名化上。據瞭解，實際執筆地方志的編撰者以福老人居多（鄭喜夫，1996: 83），因此對於臺灣的客家人，各地方志向來多持負面的評價。以福建漳浦人陳夢林成書於康熙五十六年（1717）的《諸羅縣志》為例，該書對客家人的記載大致有：「（1）今流民大半潮之饒平、大埔、程鄉、鎮平、惠之海豐，皆千百無賴而為……有識者畏不為寒心乎？今之盜牛胠篋、穿窬行凶而拒捕者，日見告矣。（2）佃田者，多內地依山之獷悍無賴下貧觸法亡命，潮人尤多，厥名曰客；多者千人、少亦數百，號曰客莊，朋比齊力，而自護小故，輒譁然以起，毆而殺人、毀匿其尸。（3）山客十居七、八，靡有室家；漳、泉人稱之曰客仔，客稱莊主曰頭家，頭家始藉其力以墾草地，招而來之；漸乃引類呼朋、連千累百，饑來飽去，行兇竊盜，頭家不得過而問矣。（4）臺人以客莊盛，盜漸多，各鑄鐵烙牛，以其字為號，便於識別，盜得牛，更鑄錢，取字之相似者覆以亂之。牛入客莊，即不得問，或易其牛，反縛牛主為盜；故臺屬竊盜之訟，偷牛者十居七、八」（陳夢林、周鍾瑄，1717/1999: 121, 136-144）。

同樣是漳浦人的藍鼎元更是多次再現這類對客家人的污名化，他在〈經理臺灣疏〉一文中說：「客莊居民，結黨尚爭，好訟樂鬥，或毆殺人，匿滅蹤跡，白晝掠人牛，莫敢過問，由來舊矣」（藍鼎元，1723/1987: 67）；在〈粵中風聞臺灣事論〉中，他說：「廣東潮惠人民，在臺種地傭工，謂之客子。所居莊曰客莊。人眾不下數十萬，皆無妻孥，時聞強悍……往年渡禁稍寬，皆于歲終賣穀還粵，置產贍家，春初又復之臺，歲以為常」（藍鼎元，1723/1987: 63）；在〈與吳觀察論治臺灣事宜書〉再提到：客莊居民朋比為黨。睚眥小故，輒

嘩然起爭，或毆殺人匿滅其屍。健訟，多盜竊，白晝掠人牛鑄鐵印重烙以亂其號。凡牛入客莊，莫敢向問；問則縛牛主為盜，易己牛赴官以實之。官莫能辨，多墮其計（藍鼎元，1723/1987: 51）。

此後的地方志多採用這樣的見解，例如《鳳山縣志》裡描述在臺漢人的風俗是：「自淡水溪以南，番漢雜居，客莊尤夥，好事輕生，健訟樂鬥，所從來舊矣」（陳文達、李丕煜，1719/1993: 80）。又如《重修福建臺灣府志》中說：「南路淡水三十三莊，皆粵民墾耕，辛丑變後，客民（閩人呼粵人曰「客仔」）與閩人不相和協；再功加外委數至盈千，奸良莫辨，習拳勇，喜格鬥，倚恃護符以武斷於鄉曲」（劉良璧，1740/1987: 498-499）。

這些志書或文獻對客家人的描述相當不友善甚至具有敵意，客家人因長期缺乏歷史詮釋權，而有被污名化的情況。但事實上，這也正揭露了客家人從「客家臺灣」到「臺灣客家」的土著化艱苦奮鬥歷程；若依時間鋪陳，早期臺灣客家移民具有以下的特色：（1）清領臺灣之前，客家人可能是最早從中國移民到臺灣的漢族移民群，儘管人數不多也未佔有拓墾優勢。（2）清初在官方禁海政策下，客家人多以偷渡方式來臺，但以打工性質為主，即「客家臺灣」的階段：「皆于歲終賣穀還粵，置產贍家，春初又復之臺，歲以為常」。（3）康熙末年以降至乾、嘉年間，客家人大量來臺定居。所居之處雖多為「漢番雜處」的區域，這是「臺灣客家」形成的重要階段，即：原、漢的血緣融合與客家文化的在地化浮現。（4）文獻中不時可見到「閩」對「客」的仇視與污名化，或是「閩」「客」的對立與械鬥；這說明了「臺灣客家」為了生存而有「習拳勇，喜格鬥」的族群特徵；這也是臺灣各地（含福老莊在內）義民軍的濫觴，以及臺灣本土的特有信仰「義民爺」的源起。（5）臺灣文獻中長期對客家人的污名化，應可視作是當代客家運動的遠因，以及當代客家研究的濫觴，體現的是臺灣客家族群被整體社會邊緣化的反動與重構。臺灣客家族群的這些反應過程，也是建構「臺灣主體性」的必要元素。

三、早期臺灣客家拓墾區與原住民

　　清領臺灣之前，漢人大量移入臺灣大致有兩個時期，一是由鄭芝龍協助荷蘭人引入的農工，另一是隨鄭芝龍的兒子鄭成功領臺時東來的將士官兵；儘管被鄭芝龍父子合併的海盜中不乏客家人，但鄭芝龍畢竟是泉州南安人，父子兩人帶來的福老人應佔多數（曹永和，1997: 255-293）。清領臺灣之後，清帝國對移住臺灣的漢人多所限制，尤其針對客家人設下渡海禁令，使得大多數經由偷渡方式來臺的客家人（戴寶村，2006: 84-86），能合法取得聚居耕地的選擇並不

圖四：早期客家在臺灣拓墾圖

多。依伊能嘉矩（1985: 142）推斷，客家人開墾臺灣應在康熙二十五至二十六年（1686-1687）間，當時有來自廣東的客家人先在臺南府城附近種菜，因為找不到可耕地，然後前往下淡水溪東岸開墾。乾、嘉年間以後，客家人的拓墾才逐漸來到臺灣中、北部，一直至清末為止，曾經有客家人拓墾過的區域，其分布大抵如圖四（早期客家在臺灣拓墾圖）（薛雲峰，2009: 107）。[1]

　　上圖所描繪的地點，大致位於現今如下的行政區：屏東縣之長治鄉、高樹鄉、里港鄉、麟洛鄉、屏東市、九如鄉、鹽埔鄉、內埔鄉、竹田鄉、萬巒鄉、新埤鄉和佳冬鄉；高雄市美濃區、杉林區、六龜區、甲仙區和旗山區（以上為六堆所在區域）；臺南市區及東山、白河與楠西；嘉義市區及嘉義縣之大林、梅山與民雄；雲林縣之西螺、二崙、崙背和土庫；彰化縣之北斗、二林、溪洲、溪湖、田尾、永靖和埔心；臺中市之西屯、北屯、豐原、潭子、神岡、大雅和東勢；大臺北之公館、中崙、板橋、三芝、新莊、中和、泰山、新店和景美；桃竹苗大部分的地區；東部宜蘭市至羅東一帶、花蓮縣吉安、光復至玉里一帶（薛雲峰，2008: 77-114）。

　　若依日本人在牡丹社事件中的調查，今之屏東車城、恆春一帶與原住民混居的客家人，是東寧鄭氏王國開屯之際的漢民勇兵的後裔，也因多娶番婦，所以過半都是「漢番之混血兒」（伊能嘉矩，1985: 98）。臺灣的諸多文獻也顯示這種「漢番混居」的事實，例如施琅在康熙考慮要不要把臺灣納入版圖時曾上疏說：「臺灣一地，原屬化外；土番雜處，未入版圖也」（施琅，1696/2002: 231）。兼管臺灣的閩浙總督覺羅滿保也說：「臺灣遠屬海外，民番雜處，習俗異宜。自入版圖以來，所有鳳山縣之熟番力力等十二社、諸羅縣之熟番蕭壠等三十四社，數十餘年仰邀聖澤，俱各民安物阜，俗易風移」（覺羅

---

1 薛雲峰繪圖，底圖參考〈乾隆年間（1736-1795）縣（廳）界〉。來源：中央研究院，〈臺灣歷史文化地圖〉，網址：http://thcts.ascc.net/view.asp。

滿保，1717/1999: 251）；《臺灣府志》裡說，「（沙馬）磯以內諸社，漢、番雜處，耕種是事，餘諸里、莊，多屬漢人。北至雞籠山二千三百一十五里為界，是曰北路，土番居多；惟近府治者，漢、番參半」（高拱乾，1696/2002: 6）；陳文達、李丕煜的《鳳山縣志》裡描述的情況是：「自淡水溪以南，番漢雜居，客莊尤夥」（陳文達、李丕煜，1719/1993: 80）。這些引文都說明了客家人與原住民混居是相當普遍的現象。

十九世紀到過臺灣的西洋人也注意到客家人與原住民族混居的情況，例如必麒麟（Pickering, 1993: 66-67）說，他在恆春附近與各處的生番邊界地區，到處都可發現有個完全不同的種族（race），用他們自己的話叫做「客家」或「陌生人」（stranger），用福老話則叫做「客人」（kheh-lang），他們是非常特別的種族。

依照必麒麟的觀察，客家人的聚落區大致與平埔族（Pepo-hoans）和生番（savages）為鄰，要穿越像戰場似的、好鬥的客家領地是非常危險的事；但客家人似乎和平埔族的關係較緊張，反而和生番的感情很好，彼此也常通婚；他說他在 1867 年協助美國領事李仙得（Charles W. Le Gendre）調停羅妹號（The Rover）船難事件時，因得力於客家頭人 Lin-a-kow 之助，才能順利和瑯嶠頭目卓杞篤（Tok-e-tok）簽訂國際合約（Pickering, 1993: 110-119, 190-199）。此外，如博物學家 Joseph Beal Steere 和 James W. Davidson 等人也有相同的說法（Steere, 2002: 63）。其中 James W. Davidson 眼中的客家人是：「一個努力工作的種族，有著天生的英勇和冷酷特質，對任何形式的統治都有敵意；如同統治者一般的佔據邊界地區，經常和生番接觸」（Davidson, 2005: 67）。

綜上所述，漢人入墾臺灣並非如入無人之境，而是長時期的與原住民混居雜處，尤其是居住於平原丘陵地帶的平埔族。目前臺灣客家人數最多的地區，如桃竹苗、臺中臺三線沿線以及高屏六堆等地，過去都是道卡斯族、巴宰族以及馬卡道族的領地，但目前這些地區已見

不到任何平埔族人。

四、臺灣客家與原住民的交融

「臺灣客家」在分類上常使用四縣、海陸、大埔、饒平、詔安（四、海、大、平、安）的分類，以及與周邊族群（如閩南、臺灣原住民）互動所形成的特質，都顯示出臺灣客家的獨特性。本文以「客平埔」與「福老客」為例，說明「臺灣客家」結構的動態性消長，「語言」雖不是區別族群的唯一變項，卻是常用的一種判斷，誠如黃宣範所說，「語言是族群意識的象徵」、「世界上絕大多數的種族名稱跟語言名稱是一樣的」（黃宣範，2004: 174-175）。若以「臺灣客家」作為觀察中心，亦不難看出當客家語的傳播能力夠強時，它的涵化能力也就增強，最終涵化了不少平埔族人，即「客平埔」；同理，客家話的傳播能力因政經勢蹇或人口數佔某特定語言社區的少數時，客家人也會變成福老人，即「福老客」；而當絕大多數的平埔族語不再被傳承使用時，也就意味著平埔族的消失，但我們不一定察覺到客家人口中的平埔性。

語言學上著名的Sapir-Whorf hypothesis（沙霍假設）即認為，講不同語言的人，會有不同的思考模式；語言不只是人類用來溝通的一種符號系統，它也同時意涵著許多其他的規則與次序，甚至左右行事邏輯的使用，它是約定俗成的社會互動的成果，這些語言、社會行動的邏輯、約定俗成的看法，由同一語族社群的人所使用。羅肇錦曾舉一個有趣的例子，他說，客家語的「愛」與「要」是同一個發音，同一個概念；但福老話至少可以分做兩個概念：「愛」與「要」，北京話至少可以分成「喜」、「愛」、「欲」、「要」等；英文也可以分成「love」、「want」、「like」之類。但對臺灣客家人而言，「愛」與「要」是同一個概念，客家人絕沒有「我愛你，但我不要你」的思維情況（羅肇錦，1991: 68-71）。

Steven Harold Riggins（1992: 1-2）認為，「族群性」（ethnicity）或「族群」（ethnic group）雖然有很多定義，學者們也普遍都同意人們是以共同的文化、祖先、語言、歷史、宗教和風俗所構成的共同體（community）。語言不只是溝通，也承載著許多日常言行邏輯的文化。族群互動是一個動態的過程，族群之間可能因為同化而消失，也可能因此產生新的人群分類。

臺灣平埔族被客家人同化的因素很多，但同化的步驟大致可分成三階段，首先是因應乾隆年間的賜姓政策（或自己選姓），其次是造譜，再來是仿客家人成立烝嘗祭祀組織。清帝國的賜姓政策一般追溯自乾隆二十三年（1758），最著名的案例是諭令臺灣知府覺羅四明，賜給道卡斯族竹塹社「錢、衛、廖、三、潘、黎、金」七個姓（戴炎輝，1979: 369），他們的後人一般都非常清楚自己的平埔身份，如《錢氏族譜》所稱，「吾祖之為始也，溯其源不得，考諸以上則曠遠綿緲，無譜據之可覽，而不知上始之為何如，莫能追之」（王世慶、李季樺，1993: 131）。

七姓後人對竹塹的開發相當有貢獻，像衛阿貴、錢子白以及錢茂祖等人，「客家化」程度相當早也非常深。例如錢茂祖不但協助平定林爽文之亂，戰後還捐錢捐地興建新埔義民廟，至今廟裡還供有錢茂祖的長生祿位（張炎憲、李季樺，1995: 174-217）。另依文獻記載，清廷賜給平埔族的漢姓，除了上述七個之外，還包括蠻、陳、劉、戴、李、王、斛、林、黃、江、張、穆、莊、鄂、來、印、力、鍾、蕭、盧、楊、朱、趙、孫、金、賴、羅、東、余、巫、莫、文、米、葉、吳；嘉慶十五年（1810）清廷把噶瑪蘭收為版圖之後，也在當地賜潘、高、劉、連、陳、獨、林、振等姓（伊能嘉矩，1985: 330-333）。其實在乾隆二十三年（1758）之前，有案例顯示平埔族民已出現漢名漢姓，例如康熙末年岸里大社頭目阿穆因歸順清廷被賜姓「潘」（楊緒賢，1979: 271）；乾隆二年（1737）開霄裡大圳的霄裡社頭目知母六，漢名就叫蕭那英（張素玢，1995: 101）；乾隆五年的

岸里社頭目也被賜姓稱為潘墩仔（潘英，1996: 139）。不過早期平埔族使用漢字姓名，部分仍保有其原來名字，作法是在漢姓之下加上原名的漢字音譯，如潘打比里、潘呵四老（伊能嘉矩，1985: 330-333）。七姓公之一的廖姓為了「脫番」，方法就是「造譜」，把廖姓的開基祖「豪邁加禮」變成來臺祖「廖監州」，父親叫「廖東寧」，祖籍在「廣東省惠州府陸豐縣吉康都」。漸漸無法從姓氏做出原、漢判斷。

七姓族人獲姓後，嘉慶二年（1797）即在今日之新竹縣竹北市新社蓋了一座「采田福地」祭祀公業，它是目前全臺唯一見證清皇「賜姓」的烝嘗公廳。當地民眾把「采田福地」稱為七姓公廟，七姓的後代大半都變成客家人（薛雲峰，2008: 103-105）。值得注意的是，清廷的賜姓中包括了陳、林、黃、張、吳、劉、蔡、楊、李、羅等臺灣人常見的大姓。然而經由選漢姓、造族譜和立烝嘗三個漢化步驟後，如今已鮮少有人自承是平埔族後裔了。

至於「福老客」，指的是一群已經走出客家族群邊界的福老人，但在祖籍溯源或文化特徵上有著客家淵源。1963 年，民俗學者林衡道把南彰化平原上一群祖籍來自廣東，但後裔已不會說客家話的人稱之為「福老客」（林衡道，1963: 153-158）。此後「福老客」不斷被學者們從語言、廟宇、拓墾、械鬥、分類、地名以及聚落位置等角度研究，也發現全臺灣許多地方，早自清領臺灣時期已有「福老化」的情況，尤其是雲嘉彰地區在日治時代中期，客家庄幾乎都已福老化（施添福，1987: 22；黃宣範，2004: 317）。

福老客形成的原因，可能因時因地不同，但社經情勢強弱與人口數多寡應是比較有說服力的因素，其中最明顯的徵兆就是語言的涵化（黃宣範，2004: 156）。從語言使用的角度研究「臺灣客家」，其實就是依於「語言—認同」的事實：原與客家族群混居雜處的平埔族人，因為放棄了他們原有的語言，最終被同化成臺灣客家人；同樣的，部分客家人因為放棄了自己的語言，也被福老族群涵化為「福老

客」。

　　本文強調，平埔族與客家的融合是「臺灣客家」的重要成分，「福老客」的形成也顯示了臺灣閩南族群中有許多客家的線索。其中，政治經濟勢力、語言傳播力的強弱，都攸關著族群互動時文化存續力的強弱。顯然，不少平埔族人已走進客家族群邊界成為客家人，或者換個角度說，平埔族可能是臺灣客家人重要的組成部分，這種現象使得「臺灣客家」在血統的特質上有別於「中國客家」、「東南亞客家」或其他地方的「客家」。同理，臺灣福老人亦若是。

五、義民信仰：臺灣客家的獨特信仰

　　臺灣的義民源起於南部六堆客家庄對抗朱一貴、杜君英的民變事件，任務是保鄉衛梓，但因六堆客家人的抗暴義舉，意外引起清廷的封官厚賞，從此各地的福老庄也陸續跟進。直到清末不只客家庄有義民組織，福老地區亦所在多有。義民主要的特徵是以私有武力保鄉衛梓，所以「義民精神」不只是「客家精神」，更是「臺灣精神」。

　　臺灣自1684年被清帝國正式納入版圖後，可說是「三年一小反，五年一大亂」。依學者統計，在清帝國統治臺灣二百一十二年期間，臺灣發生過的民變與械鬥事件中，具有抗官造反意義的次數計有116次，其中至少發生過13起稱年號與8起建國的情事，民間分類械鬥少說有60次（張菼，1975: 83-102；許達然，1999: 41；陳紹馨，2004: 20；劉妮玲，1983: 109）。但清帝國治下的駐臺「班兵」，人數最多時不超過一萬五千人，一般只有四、五千人，說明了官方無力維持社會秩序的事實，也說明臺灣人民要生存唯有自保的背景。此外，就文官來說，1885年臺灣建省之前清帝國派駐臺灣的最高文職官員通稱「臺灣道」，但臺灣道以下的文官頂多派到縣級官員，因此臺灣鄉庄幾乎都採「自治」方式管理，就是由墾戶或郊商就其所開墾的庄街或買賣的所在，聯合數庄制定防匪或調處糾紛的公約，設

（大）總理及董事以總其事（戴炎輝，1979: 33-34）。

　　臺灣這種結合私有武力的鄉治組織也源自六堆客家庄，當地的義民指揮系統是先由各堆選出總理，全堆再選出一個大總理，每堆有六旗，每旗有五十名旗丁，旗丁平時為農民，有事立即編為軍隊，軍費由全體庄民負擔；伊能嘉矩稱之為「自治獨立的屯田組織」（伊能嘉矩，1985: 272-274），其組織與羅芳伯在婆羅洲的「蘭芳共和國」相仿，是一個從人民身上抽稅、辦教育，相互幫助，有政治經濟與文化功能的鄉團組織（張維安、張容嘉，2009: 57-89）。康熙六十年（1721），朱、杜兩人打下臺南府城後，六堆客家庄在十日內即完成作戰應敵的布署，顯示客家人依其尚武傳統有備而來，「義民」武力早於「民變」事件即已存在：「五月初一日，府治失陷，各義民隨於五月初十日糾集十三大莊、六十四小莊，合粵之鎮平、平遠、程鄉、大埔、閩之永定、武平、上杭各縣之人，共一萬二千餘名，於萬丹莊豎立『大清』旗號」（六十七、范咸，1987: 360）。

　　至於為什麼要「豎立大清旗號」？本文認為，起初的用意應在區分敵我，免得前來鎮壓的清國軍隊，不分青紅皂白的一體以亂民看待。事實上，藍廷珍在率軍登陸臺灣之前，就已徵得指揮官施世驃的同意，密諭臺灣良民豎「大清」旗，以免遭到殺戮：「藍廷珍言于世驃曰：『群盜皆穿窬烏合，畏死脅從，乖離渙散，一攻即靡。但其眾至三十萬，不可勝誅。且多殺生靈無益。以某愚見，止殲巨魁數人，餘反側概令自新，勿有所問，則人人有生之樂，無死之心，可不血刃平也』。世驃曰：『善』。戒將弁登岸之日，無得妄殺，賊來降者悉縱還家，門戶旗幟書『大清良民』者即為良民，惟拒敵者乃斬之」（藍鼎元，1723/1987: 12）。

　　關於這個觀點，藍鼎元在替藍廷珍擬的〈檄臺灣民人〉公告中，就說得更清楚：「大兵登岸之日，家家戶外書『大清良民』者，即為良民，一概不許妄殺。有能糾集鄉壯，殺賊來歸，即為義民，將旌其功，以示鼓勵」（藍鼎元，1733/1987: 4-5）。為了避免被清帝國視

為亂黨賊夥而妄遭誅戮，南部六堆客家義民軍暨「大清」旗以抗賊的舉動，顯然是經過慎思的作法。

至於清國官方事後對六堆義民的大加封賞，或許是六堆義民軍始料未及的意外收穫，這也使得原本只是保衛家園的義民組織，日後成了臺灣人加官晉爵的特殊管道，如王得祿與林文察等人（許達然，1999: 128-130）。

陳其南在論述臺灣漢人社會群體的構成法則時，也首先以六堆的客家莊為例，說明臺灣漢人如何從「移民社會」（immigrant society）走向「土著社會」（native society）的過程（陳其南，1987: 91-126）。他認為，1720年代臺灣南部客家人已擁有相當制度化的義民組織，這種自衛性鄉團組織的出現與臺灣社會結構之關係，所呈現的變遷性正在於其基於方言群、祖籍地緣以及移植性宗族作為族群認同的標準。此外，他也認為六堆的義民組織，完全不同於稍後因各種分類械鬥而出現的武力組織，六堆有完善的組織與機構，因此能以法人（corporate）的性質持續存在，甚至延續到如今；後者則缺乏永久性的組織，忽起忽滅。

確實，就義民的性質來說，臺灣客家庄的義民和福老地區的義民有著顯著的差異；以道光四年（1824）許尚、楊良斌事件為例：鳳山縣民許尚因結黨被密告，索性與同夥楊良斌找來原住民潘老通一起造反，當地仕紳則趕緊召募「游民」當義軍，日夜巡邏，但這些游民義軍原本就是楊良斌的從夥，官兵以「募鄉勇以收游民，無使助賊」為策略，削弱敵方兵力來壯大官兵聲勢（姚瑩，1829/1987: 1-4）。這個情況凸顯出福老庄的「義民」與「亂民」，可相互轉換的事實，有別於客家庄以自有武力保鄉衛梓的義民組織，因之，客家庄對戰死的義民特別尊崇，如今也成了受人景仰的臺灣本土神祇（薛雲峰，2008: 161-164）。這些特質可能是解釋原來各族都有義民，但唯有客家直到今天仍然留有義民信仰的原因，義民信仰成為臺灣客家族群獨特的信仰，也成為臺灣客家族群的特色之一。

六、結語：客家研究與臺灣歷史的建構

客家研究與臺灣主體性的關係，可從論述客家對臺灣移民社會的形成與本土化的形塑過程開始，客家百分之百的參與臺灣成為多元族群社會的建構。蕭新煌指出「沒有任何人，任何政客，任何政黨，任何族群可以再用膚淺的史觀、偏差的歧視，或是狹隘的理念來忽視、矮化客家在臺灣的歷史定位和當代地位」（蕭新煌，2003）。臺灣客家特質形成的研究，可為臺灣社會特質的形成提供一個詮釋觀點。

本文為了說明臺灣客家族群特質形成與臺灣社會特質形成的共構性，突破過去以福老、中原或其他強勢族群為基準，來丈量其他族群在分析上所犯的謬誤。從多元史觀的角度來看，客家、閩南、外省、原住民或新移民的觀點，都是瞭解臺灣社會特質，認識臺灣社會的途徑、方法與媒介（張維安，2008: 416）。本文以客家為方法，從臺灣客家史觀來詮釋臺灣的特色與臺灣社會的主體性，只是多元視角之一。

「以客家為方法，是一個思索臺灣社會發展的角度，和以客家作為對象、現象、議題的分析不同，也不同於以客家作為手段、工具或目的之分析」，「在分析的層次上，是在臺灣社會的範疇之內，以客家特有的構成為參照，來看待其他族群的歷史，進而形成立基於各地區和民族真實存在的臺灣社會多元圖像」（張維安，2008: 413-416）。「以客家為方法是指從客家族群的歷史經驗的觀點來理解臺灣社會，特別是因為加入客家族群歷史經驗而產生的省思」（張維安，2008: 417），這就是客家研究與臺灣主體性的關連所在。本文從客家到臺灣客家的探討過程中，考察以語言為核心的客家族群結構的消長及其歷史經驗，其中「客平埔」與「福老客」呈現的是族群結構的消長，義民及其信仰則充分驗證臺灣客家「土著化」的特質。總體來說，本文的論述即是以「客家」作為觀察臺灣社會發展史的參照點與媒介。

以臺灣客家作為詮釋臺灣史的「方法」，其用意在於提出「臺灣客家史觀」。但是並非要以客家觀點取代其他族群的論述，而是提出一個平等主義、多元主義的世界觀（張維安，2008: 416）。本文從客家的移民拓墾談起，再述及「客平埔」、「福老客」與「義民」等與「臺灣客家」土著化的相關議題，實際上是同時結合了時間與空間的雙重視野；時間上，拉開客家人移民臺灣的數百年縱軸；空間上，闡述臺灣客家的移墾特色及與其他族群的互動消長。順著這條邏輯，本文認為，客家、福老、原住民或新移民也都可以是史觀論述的參照中心點；換句話說，「客家研究」不僅是在理解客家，更是重構「臺灣客家」作為「臺灣主體性」構成要素之一的必要途徑。

（原稿發表於許文堂主編《從當代問題探討臺灣主體性的建立》，頁189-213）

參考資料

Davidson, James W., 2005, *The Island of Formosa: past and present.* Taipei: SMC Publishing Inc.

Pickering, W. A., 1993, *Pioneering In Formosa: Recollections of Adventures among Mandarins, Wreckers, and Head-Hunting Savages.* Taipei: SMC Publishing Inc.

Riess, Ludwig, 1956，〈臺灣島史〉，周學普譯，臺灣銀行經濟研究室編，《臺灣經濟史三集》。臺北：臺灣銀行。

Riggins, Steven Harold, 1992, "The Media Imperative: Ethnic Minority Survival in the Age of Mass Communication," in Steven Harold Riggins (ed.), *Ethnic Minority Media: An international perspective.* California: Sage publication.

Steere, Joseph Beal, 2002, *Formosa and Its Inhabitants.* Taipei: Institute of Taiwan History Preparatory Office, Academia Sinica.

Wirth, Albrecht, 1957/1898，〈臺灣之歷史〉，周學普譯，臺灣銀行經濟研究室編，《臺灣經濟史六集》。臺北：臺灣銀行。

六十七、范咸，1987，《重修臺灣府志》。臺北：大通書局。

王世慶、李季樺，1995，〈竹塹社七姓公祭祀公業與采田福地〉，潘英海、詹素娟主編，《平埔研究論文集》。臺北：中央研究院臺灣史研究所籌備處。

伊能嘉矩，1985，《臺灣文化志》，江慶林等譯。臺中：臺灣省文獻委員會。

林衡道，1963，〈員林附近的「福老客」村落〉，《臺灣文獻》，14 (1): 153-158。

邱榮裕，2007，〈從臺灣歷史看客家民間信仰發展〉，《第2屆海峽兩岸客家高峰論壇論文集》。

姚瑩，1829/1987，〈平定許楊二逆〉，《東槎紀略》。臺北：大通書局。

施添福，1987，《清代在臺漢人的祖籍分布和原鄉生活方式》。臺北：國立臺灣師範大學地理系。

施琅，1696/2002，〈請留臺灣疏〉，高拱乾編，《臺灣府志》。南投：國史
　　館臺灣文獻館。

高拱乾，1696/2002，〈疆界〉，《臺灣府志》。南投：國史館臺灣文獻館。

張炎憲、李季樺，1995，〈竹塹社勢力衰退之探討──以衛姓和錢姓為
　　例〉，潘英海、詹素娟主編，《平埔研究論文集》。臺北：中央研究院臺
　　灣史研究所籌備處。

張素玢，1995，〈龍潭十股寮蕭家：一個霄裡社家族的研究〉，潘英海、詹
　　素娟主編，《平埔研究論文集》。臺北：中央研究院臺灣史研究所籌備
　　處。

張炎，1975，〈臺灣反清事件的不同性質及其分類問題〉，《臺灣文獻》，
　　26 (2): 83-102。

張維安，2008，〈以客家為方法──客家運動與臺灣社會的思索〉，張維
　　安、徐正光、羅烈師主編，《多元族群與客家：臺灣客家運動20年》，頁
　　401-418。臺北：南天書局。

張維安、張容嘉，2009，〈客家人的大伯公：蘭芳共和國的羅芳伯及其事
　　業〉，《客家研究》，3 (1): 57-89。

曹永和，1997，〈鄭氏時代之臺灣墾殖〉，《臺灣早期歷史研究》，頁255-
　　293。臺北：聯經出版社。

許達然，1999，〈清朝臺灣民變探討〉，臺灣歷史學會編，《史學與國民意
　　識論文集》。臺北：稻鄉出版社。

陳文達、李丕煜，1719/1993，《鳳山縣志》。南投：臺灣省文獻委員會。

陳其南，1987，〈社會分類意識與土著化〉，氏著《臺灣的傳統中國社
　　會》，頁91-126。臺北：允晨文化公司。

陳紹馨，2004，《臺灣的人口變遷與社會變遷》。臺北：聯經出版社。

陳夢林、周鍾瑄，1717/1999，《諸羅縣志》。南投：臺灣省文獻委員會。

黃叔璥，1722/1999，《臺海使槎錄》。南投：臺灣省文獻委員會。

黃宣範，2004，《語言、社會與族群意識》。臺北：文鶴出版社。

楊緒賢，1979，《臺灣區姓氏堂號考》。南投：臺灣省文獻委員會。

劉良璧，1740/1987，《重修福建臺灣府志》。臺北：大通書局。

劉妮玲，1985，《清代臺灣民變研究》。臺北：國立臺灣師範大學歷史研究所專刊。

劉還月編，2001，《臺灣客家族群史：移墾篇（上）》。南投：臺灣省文獻委員會。

潘英，1996，《臺灣平埔族史》。臺北：南天書局。

鄭喜夫，1996，〈清代福建人士與臺灣方志〉，轉引自陳捷先，《清代臺灣方志研究》。臺北：臺灣學生書局。

蕭新煌，2003，〈臺灣客家對社會發展與國家建構的參與及貢獻〉，「2003全球客家文化會議專題演講」。www.ihakka.net/hakka2003/Big5/word/17.doc（使用時間 2014-9-18）。

戴炎輝，1979，《清代臺灣之鄉治》。臺北：聯經出版社。

戴寶村，2006，《臺灣政治史》。臺北：五南書局。

薛雲峰，2008，《快讀臺灣客家》。臺北：南天書局。

薛雲峰，2009，〈臺灣客家史觀：以義民與1895乙未抗日戰爭為例〉。臺北：國立臺灣大學。

藍鼎元，1723/1987，《平臺紀略》。臺北：大通書局。

藍鼎元，1733/1987，〈檄臺灣民人〉，《東征集》。臺北：大通書局。

羅肇錦，1991，〈客家人的哲學〉，收於臺灣客家公共事務協會編，《新个客家人》，頁68-71。臺北：臺原出版社。

覺羅滿保，1717/1999，〈題報生番歸化疏（康熙五十五年）〉，收於陳夢林、周鍾瑄，《諸羅縣志》。南投：臺灣省文獻委員會。

少數族群與主流文化：
客家文化認同運動與族群記憶之轉移

摘要

　　本文以漢人的華夏文化為主流文化，以客家族群文化作為少數族群文化，通過兩者之間的歷史發展關係，來討論歷史上客家文化認同運動的發展背景。其中客家北方漢人中心理論的觀點與客家族群意識的興起有密切的關係，王明珂的《華夏邊緣》論述具有解釋的啟發性。近年來，特別是在 2004 年在四川所舉行的國際客家學術研討會上，部分學者提到客家族群的南方起源論，此一主張的提出和近年來社會科學的族群理論從融合論邁向多元文化的發展有密切的關係，這個趨勢在兩岸的客家學者之間已有許多討論，梅州的房學嘉、陳支平與謝重光等學者通過歷史和田野的考察，在這方面也有許多進展，臺灣客家學者由於和廣東、福建學者的交流密切，似乎也受到相當程度的影響。本文除了分析這些實證論式的歷史田野考察資料和客家族群源流的討論之外，將從華夏邊緣的理論和族群記憶的觀點，提出客家文化運動的分析，並以客家歷史與客家「歷史」（理論與觀點所建構的歷史）的區分，來分析誰是客家？誰創造了客家？以此作為客家學術研究的理論論述基礎。

關鍵字：客家文化、客家學、族群記憶、多元文化主義

一、前言

　　客家是一個很特別的族群，它的歸屬與分類相當特殊。日常生活中，我們常看到地理空間對於一個族群的歸類與命名的相關性，例如潮州人，北京人，山東人，清楚的指出社會團體名稱與地理名稱的連帶關係。客家人卻不同，他們以文化、語言、族群記憶為基礎，建構客家「歷史」，想像客家族群共同體，超越地理疆界形成「客家族群」。雖然清朝時代地理名稱與客家人的稱呼曾有密切關係，例如從廣東到臺灣的客家人稱為粵人，[1] 在臺灣的幾大客家話腔調也都是以原鄉的地名為名稱，例如海陸腔、大埔腔、詔安腔及四縣腔等，其中海陸腔包括海豐縣、陸豐縣，四縣腔則包括蕉嶺（鎮平）縣、五華（長樂）縣、新寧縣、平遠縣等。但是當潮州人其中還是稱為潮州人，上海人還是稱為上海人的時候，這些來自不同地區的粵人，卻以客家文化、客家語言、客家源流等客家「歷史」為基礎而通稱為客家人，不再稱為梅州人或蕉嶺人。客家人究竟是怎麼形成的？何時開始有客家人？或者客家人是從哪裡來的？這些都是謎一樣的問題。

　　關於客家人的研究，長時期以來就是一個跨學科研究領域，語言學家、人類學家、歷史學家、社會學家，建築、音樂，甚至遺傳學等等，幾乎每一個領域都在進行客家研究。雖然各有不同的學術旨趣，但是「客家源流」的議題，似乎從一開始就是研究的焦點，因為這個議題的分析牽動著客家研究中許多相關議題。「客家源流」這個議題的答案，也相當程度的回答客家研究的許多提問，例如客家族群如何誕生？客家人是怎樣的一個群體？其分布、文化、語言、經濟、性別特徵等「如何」及「為何」的問題。學者陳修指出：

---

1 當時清朝官員以省籍劃分人群，據施添福教授的意見，可能與科舉制度中的學額分配有關，尚未普遍使用客家做為人群分類的類別，雖然粵人相當程度就是客家人，但嚴格來說客家人與粵人之間並不能直接劃上等號；相同的，閩籍人士也未必都是福老人。

客家研究最主要的問題，就是客家的源流問題，不弄清這個問題，就無從著手研究客家歷史上的一系列存在的問題，如客家稱謂由來、客家文化、客家方言、客家風俗等等，一句話，沒有客家源流問題，也就談不上客家，也就沒有客家研究（陳修，1994: 298）。

陳修的見解，指出了「客家源流」議題在客家研究的領域所具有的重要性。

　　關於客家源流或客家人的身世之謎，學者持有不同的看法，基本上可分成兩個不同的陣營：第一是「客家中原論」，認為客家人乃是中原人士，甚至不僅是中原人士，而且是最正統的中原人士。這個陣營的觀點，始於反對「客家非漢說」的論述而提出。第二是「客家南方起源論」，也就是說客家族群乃是起源於中國的南方土著，對話的對象乃是「客家中原論」的議題，多多少少也牽涉到「客家是漢人或非漢人」的這個問題。

　　關於客家源流的討論，除了以上兩個派別之外，也有學者從生物證據來探討客家族群的淵源，例如：江運貴（1996）以科學論據提出「客家人系出北方蒙古民族」的論點；2001年淡水馬偕醫院林媽利醫師，[2] 藉由血液分析指出臺灣客家人與福老人的祖先並非來自中原漢族，[3] 而應該是南方民族的後代。DNA等體質特徵標準，並不是學界對人群進行分類時唯一的標準。事實上，從自我祖先追溯、歷史經驗、宗教信仰、文化傳統、風俗習慣、祭典儀式、語言、地域範圍乃至於飲食方式等，來分辨我群他群的作法，反而更為常見。這就是人類學概念中的「族類」與「族群」的區別。關於「族類」與「族群」

---

2 林媽利教授談：從組織抗原推論閩南人及客家人——所謂「臺灣人」的來源：http://www.taiwancenter. com/sdtca/articles/9-03/12.html（2011/10/8）。

3 「福老人」也有人寫成「福佬人」或「河洛人」，因為「佬」這個字比較不正面，本文都用「福老人」，主要是取其閩南語的發音，如果以客家話發音來讀，應該寫成「學老人」。

的區別，「族類」似乎是因為若干客觀特質的存在，而「族群」則有族群意識的主觀面（謝世忠，2006: 69）。謝世忠以移民美國的愛爾蘭後裔為例，說明「聖派崔克節」（St. Patrick's Day）節日到臨時，大家都會熱情參與歡樂遊行，表現出「愛爾蘭人」記憶的行為。不過，後裔們並不會以「愛爾蘭人」做為認同基礎進而組織社團，追求共同社會利益。這種未具組織性，一般多只呈現鬆散族裔感知狀態的群體，就是「族裔泛類」或稱「族類」（ethnic category）。關於「族群」，謝世忠以緬甸與泰國邊界的甲良（Karen）為例，該族人有強烈的族群意識（ethnic consciousness），反對國家所施行的同化政策，尤其是身處緬甸的族裔，更是組成武裝組織，直接與緬國政府抗衡。對這一隨時具有清晰我族認同，又會以組織形式追求我群社會政治利益的人群，人類學就以「族裔群體」或「族群」（ethnic group）稱之（謝世忠，2006: 69-70）。本文所分析的「客家」較偏向後者的概念，因為從客家論述開始已具有清楚的族群意識，除特別說明外，文中的「客家」指稱的是「客家族群」的概念。

換言之，本文的討論不以生物遺傳的證據來討論「族群」的議題，而是以族群的想像、記憶及族群邊界為架構，來分析客家作為一個少數族群與主流文化（漢文化）之間的關係。客家族群的形成與客家源流的建構有密切的關係，不論是「客家中原說」還是「客家南方起源論」，都和客家文化的建構，以及客家人從族類轉變成族群有密切的關係。這兩個觀點牽涉到不同證據的列舉與證實，但也與兩波社會理論的發展有關，簡單來說是觀點引導了證據的出現或忽略，近年來多元文化主義理論的蓬勃，帶來了少數族群文化的發展空間，慢慢從主流文化的邊陲地位，建構一個參照主流文化的另一個核心論述。

二、「漢」與文化霸權：忽略「客家」存在的命名

族群「命名權」往往可以顯示出族群文化的強弱。明清之際，臺

灣的客家人與閩南人的區別，約略與閩人與粵人的區分有高度重疊，雖然並非所有客家人都是粵人，但是粵人相當程度就是客家人，目前臺灣已經沒有客家人自稱為粵人，所謂的廣東人，所指的是只講廣州話的廣東人，並不是說客語的客家人。在臺灣，雖然號稱由四大族群組成，但是閩南人則自稱臺灣人，並將閩南話稱為臺灣話，而自覺或不自覺的排斥客家人和原住民及其他族群作為「臺灣人」的命名權，甚至有人責備客家人為何不（會）說「臺灣話」（此處指閩南話）。客家人的大本營雖然在廣東，但是在廣州當地人稱粵人時，似乎也是自覺或不自覺的排斥客家人作為粵人的命名權，客家人只有到了臺灣才有機會被稱為粵人，不知道客家人有沒有為了證明自己是「粵人」而爭論過。但是，明清之際廣府地區的媒體，直接將客家排斥在「漢人」之外，則是引起了相當大的反彈。「漢人沒有包括客家人」，以及「臺灣人沒有包括客家人」的命名，無疑的引起了相當大規模的反撲，這兩次反撲也可以稱為兩次客家正名運動，兩次都和客家意識的形成與客家族群的建構有密切的關係，本文分析的對象以前者為主。

客家人作為漢人的主張，是客家人從「族類」成為「族群」非常重要的一步。羅香林在《客家研究導論》一書中說：

> 南部中國有一種富有新興氣象，特殊精神，極其活躍有為的民系，一般稱它為「客家」，他們自己也稱為「客家」。他們是漢族裡頭一個系統分明的支派，也是中西諸社會學家、人類學家、文化學家，極為注意的一個漢族裡的支派。「客家」是「客而家焉」的意思，顧名思義，當知其非中國南部固有民系（羅香林，1982: 1）。

而客家研究便是要研究「他們是從什麼地方、什麼時候遷到中國南部去的？他們到底是怎樣的一群人眾？他們過去和現在的光景究竟怎樣？將來究竟會有怎樣的進展？」關於客家族群的論述，羅香林指

出：「中國前代學者，原不喜歡考覈各民族民系實在情形，對於華南各民族或民系，更是只知道鄙視而不知檢驗考察為何物」。「客家」便是被這樣對待的族群。這種情形一直要到清嘉慶十三年（1808）「和平徐旭曾掌教惠州豐湖書院，以東筦博羅，土客械鬥，乃召集門人，告以來源，及其語言習俗所以不與粵內其他漢人相同的緣故，博羅韓生，為之筆記」（羅香林，1982: 25）。[4] 這可能是最早的客家源流的紀錄。不多久，鎮平（今蕉嶺縣）黃釗所著的《石窟一徵》，有兩卷敘錄「客家語言」（羅香林，1982: 2）。這兩者可能是最早的客家研究作品，但是客家研究真正系統性的展開，可能還是要從羅香林先生算起，特別是關於客家族群的論述與客家族群意識的誕生，可說是從羅香林的《客家研究導論》（1982）與《客家源流考》（1950）開始啟動，[5] 他的學術論述與影響，在客家研究的領域，具有確定研究典範的意義，並對客家族群意識的誕生（也就是從客家族類轉變為客家族群），具有重要的意義。

羅香林先生的著作是在「客家非漢」的議題爭論下進行的，藉由回答客家族群的身份，確定了（或創造了）客家民系意識的存在，並且替客家人在漢與非漢之間做了身份的選擇。當時「客家非漢」觀點的脈絡，見諸於客家與廣府系當地土民之鬥爭與交相凌辱。《新會縣志》更稱客家為客賊（並在客的左邊加上一個犬字），《四會縣志》則以「或曰客乃『乞』之訛」來解釋「客」，這些對客家族群的輕蔑，算是啟動研究「客家源流問題」的社會背景。鍾用龢為此發表了〈土客源流考〉一文，著名的黃遵憲等也曾就此而論及客家及客語源流。不過對於客家蔑視的看法，或有意扭曲的「客家非漢說」，仍不斷出現，例如：

---

4 這便是著名的《豐湖雜記》，已收入《客家史料叢刊》第一集，雖然只有一千多字，但頗簡要，可說是最早述及「客家源流」之作品。參考羅香林的《客家研究導論》，頁25。

5 參見羅香林的《客家源流考》，雖然有些學者在討論客家研究時，會追溯到嘉慶十三年（1808）徐旭曾所著《豐湖雜記》，但是在學術論述與族群認同之間，似乎並沒有這麼清楚的關係。

光緒三十一年（1905）順德人黃節，[6] 在上海國學報保存會出版所著《廣東鄉土歷史》，第二課謂：「廣東種族有曰客家福老二族，非粵種，亦非漢種」。

民國四年（1915），上海中華書局新編《中國地理》教本，也說「客家非漢族」。

民國九年（1920），上海商務印書館出版西人R. D.Wolcott所編的《英文世界地理》，於廣東條下，謂「其山地多野蠻人的部落，退化的人民，如客家等等便是」（羅香林，1982: 5-7）。

這個「客家非漢」論的觀點，引起客家人士大為不滿，乃聯絡各方客屬人士設立「客家源流研討會」，發起組織客族源流調查會，廣發傳單，遍告各地客人，根據聞見，著為論說，以暴露客家的源流（羅香林，1982: 5-6）。

在這一段時間，「客家非漢種辯駁」，「漢族客福考」，「客家源流」，以及客家相關組織紛紛興起。證明也是正名客家為漢人是這個階段客家研究的目標。陳春聲指出，這是一場只有感到受傷害的一方單邊在進行的論爭（陳春聲，2003: 479）。「客家非漢說」在受到客籍學者強烈批評之後並未堅持，出版社在報紙上告示，「擬於再版時改正，其餘未經售罄之書概行停售」。若干年之後，羅香林在《客家研究導論》再版的第25個註釋指出黃先生著鄉土史時，當不至存有任何不良目的，然以其書為普遍教材所用，故深為當時客家人所不滿，今則大家已「釋然矣」（羅香林，1982: 27-28）。

客家人雖已釋然，但是因此而引起的客家意識，卻沒有停下來，這是歷史上第一次客家文化運動的開端。這個現象與當時客家地區的政治文化發展有關：

---

6 廣州中山大學歷史系陳春聲教授認為發生的時間應該是1907年（光緒三年）而非1905年。參見陳春聲（2003: 479）。

清末民初，正值廣東東部講客家話的人群政治和文化力量都空前發展的階段，鄉居的丁日昌、黃遵憲和丘逢甲等都是在當時地方政治方面具有重要影響力的人物，而且都有相當傑出的學術和文學造詣。在他們周圍還有溫仲和、鍾用龢、溫敬廷、何士東、鄒魯等一批在地方上有相當影響力的文人和學者。他們利用這個機會，將論爭變成一場建構「客家意識」的運動（陳春聲，2003: 479）。

　　這是一場以正名為目標的客家社會運動，但也推動了客家族群意識的建構。[7]

　　在「客家非漢」的對面，除了「客籍學者」的回應外，特別是西方來華的傳教士或文化人類學者，也加入客家文化的闡述論戰。英國人類學家史祿國在《中國東部和廣東的人種》一書中說：「中國最衛生、勤勞和進化的民族，就是客家人。」又，英國學者愛德爾在《客家人種志略》一書中認為，「客家人是剛柔相濟，既剛毅又仁愛的民族」。美國學者韓廷敦在《種族的特性》一書中認為，「客家這族是中華民族的精華」。此外，美國《國際百科全書》搜集外國人關於客家記述的著作十餘種，其中有云：「客家是中華民族中最優秀的民族之一」。日本學者山口縣造在《客家與中國革命》一書也認為，「客家是中國最優秀民族」（程志遠編，1994）。這些非客籍學者的論述，對客家擺脫「非漢」的污名化目標，有一定程度的重要性。

---

7 據了解黃遵憲在1905年時去世，可能沒有參與這個論爭，但對於客家文化建構應具有重要的意義。黃遵憲除了在政治文化上具有影響力，也在客家源流方面有諸多論述，他在光緒二十五年（1899）所著的《己亥雜詩》中，已有多首詩談到客家源流與文化，例如：
　　　筆路桃弧輾轉遷，南來遠過一千年。
　　　方言足證中原韻，禮俗猶留三代前。
黃遵憲在詩後「自註」：「客人來州，多在元時，本河南人。五代時，有九族隨王審之入閩，後散局八閩。今之州人，皆由寧化縣之石壁鄉遷來，頗有唐魏儉嗇之風，禮俗多存古意，世守鄉音不改，故土人別之曰客人」。參考陳春聲（2003: 479）。

三、認同北方漢人

羅香林（1965）指出：「今日之客人，其先乃宋之中原衣冠舊族，忠義之後也」。他的主張，比較接近欣賞單一族群的觀點，而且又以做為漢人為榮，「客家人不是漢人」的論述是羅香林等所不能接受的。所以他的立場就是要替客家人爭取其漢人的身份，反駁當時的「客家非漢」的主張，所以他提出客家正統論，作了種種歷史的描述，使客家人進入「漢」的類屬，並且將客家人推向中原血統中最純正的漢人後裔，認為客家人的祖先都是皇親貴戚，都是官宦世家之後，羅氏從族譜調查客家姓氏淵源，把各姓的遠祖一直追溯到周或晉的古代王朝等所謂王室官宦世家，來證明客家與所謂邊疆的野蠻民族不同，客家族群於是有了光榮的歷史，有值得驕傲的祖先，客家文化作為華夏文化，客家族群的認同於是有了根據。

關於前述的見解，羅香林在《客家源流考》再度提到：

> 客家是中國民族裡的一支，他們的先民，就是因為受了邊疆部族侵擾後的影響，才逐漸自中原輾轉遷到南方來的（羅香林，1982: 1）。

此後，客家是中原南遷的漢人這個見解，幾乎已經成為中外學術界與民間共享的觀點。有些日本學者，如高木桂藏，也同意這樣的看法：

> 客家並不是中國南方的土著。本來是北方的漢人，在歷史上是經過五次主要的遷徙南下的一群……這些被稱為客家的人，原本究竟是哪裡的居民，似乎無人可以正確的指出。不過從他們許許多多的傳承來看，我們可以知道是源自黃河一帶的居民（高木桂藏，1992: 88-89）。

客家南下說的觀點，可能和羅先生的研究方法有關，特別是對於族譜資料的引用。蕭平在他的書中也有相似看法：

> 翻閱客家人遺留下來的大量族譜，以及前人留下的大量研究成果，我們可以確定：客家人是中國北方移居南方的漢人，他們的「根」在中原。換句話說，客家人同漢族其他南方民系一樣，其祖先都曾經在黃河流域流連生息過漫長的時間，只是由於天災人禍他們才不得已告別故園。「南遷」是中國移民文化的一大特徵（蕭平，2002: 43）。

蕭平還認為從各家所藏的族譜，可以瞭解這些客家人的源頭，在這些平常被密藏箱底的發黃族譜中，我們發現每一本族譜的姓氏淵源幾乎可以上溯堯舜。古老得令人嘆息和無法想像。而且，即使那些目不識丁神情呆滯的客家老人，亦知其祖先何時何地南遷漂泊，以及何年何月起身入蜀，且家家均藏有一本世系譜牒。所以研究者能夠「輕鬆的尋得他們的『得姓始祖』和在中原時的舊居地」（蕭平，2002: 43）。由於族譜資料內在的限制，使得客家源流的論證有許多內在的瑕疵。在真實的世界裡，有哪些族類或哪些族群的存在是一件事，這些族類或族群的成員有沒有體驗彼此之間的類同或命運共同體，則是另外一件事。客家作為一個有意識的團體，從何時開始並不清楚，唯一可以確定的是在客家還沒有被視為一個論述對象，沒有自己的歷史、源流、故事或英雄之前，似乎不容易想像客家能夠作為一個有族群意識的團體。

基本上，客家身份的論述與客家人的誕生一開始就是圍繞著客家人是漢人，客家文化是中原文化，甚至是最正統的中原文化的主張在進行。在客家這個少數族群與華夏主流文化的對話之下，展開第一波的客家文化認同運動，這個階段客家文化運動一方面牽涉到客家從「自在族群」（族類）轉變為「自為族群」（族群）的族群意識之建

構，另一方面則牽涉到客家作為漢族的一個民系的「正當性」（或正統性）地位。也就是說，客家做為漢人是第一次客家社會運動的核心議題，通過「客家北方漢人說」的論述，激起客家族群的想像。客家運動這一時期的論述，非常接近王明珂教授的「華夏邊緣理論」，敘說了中國社會諸多地方人群，特別是在華夏族群邊緣的諸多人族，跨越了族群邊界成為華夏族群一份子的思考過程。華夏文化是優秀的，華夏文化是開放的，當邊疆的「野蠻民族」在武力上統制了華夏，但華夏卻屢屢能夠以文化來征服他們，甚至進而使他們成為華夏，使華夏周邊的其他族群能有機會跨越邊界，成為華夏的一份子。

四、客家南方起源論

針對客家北方漢人的觀點，嘉應學院客家研究所的房學嘉（1994: 1-2）在他的《客家源流探奧》中，以在地資料的研究為基礎，提出新的看法，他甚至認為羅香林先生在他的作品中也有類似的調整。房先生指出，關於「客家為漢族裡頭的一個支派」，「客家是客而家焉，顧名思義，當知其非中國南部固有的民系」的說法，羅香林先生在後來的著作中也有修正：「客家是中華民族裡的精華，可說是中華民族裡的一支。客家是中國民族裡的一支，他們的先民，就是因為受到邊疆部族侵擾的影響，才逐漸自中原輾轉到南方來的」。這裡面「漢族」一詞改為中國民族、中華民族，亦即漢族只是中華民族的一支。如果漢族是中華民族的一支，而客家也是中華民族的一支，那麼客家的身份便具有更彈性的詮釋空間。

房學嘉認為羅香林的修正，似可再進一步主張「客家並不是中原移民」。那麼客家是一個怎樣的族群？房學嘉傾向認為客家不完全是蠻，也不完全是漢，而是由古越殘存者後裔與秦中國統一以來，來自中國北部及中部中原流人，互相混化而成的人們共同體。通過大量田野資料的蒐集，房學嘉指出：客家地區自古以來就存在著一個人們共

同體，這個人們共同體足以與周邊地區的人們共同體相抗衡。

　　基本上房學嘉並不認為客家地區的文化是先由中原地區發生、形成，然後向南輻射與傳遞，而是中華大地各自都有地方文化的源頭，它們互相融化，互相影響，互相吸收。考古資料告知，新石器時代不論是中原還是閩粵贛三角地區，甚至更北的黑龍江與南方的海南島，都有精美細緻的石器工具，甚至極為相近的彩陶器皿，這些現象很難假定都是在中原發生形成，然後流傳四方的結果（房學嘉，1994: 2）。

　　除了文物以外，房學嘉還指出：

> 歷史上並不存在客家人中原南遷史，歷史上確曾有過一批南遷客家地區的中原流人，但與當地人相比，其數量任何時候都屬少數。客家共同體在形成的過程中，其主體應是生於斯長於斯的本地人。我們應該充分肯定，正是這些南遷落居客家地區的中原人，用中原文化教化了本地人，從而加速了客家地區的開發，提高了客家地區的文明，增強了客家地區與荊楚、吳越、中原的交流，豐富了客家文化（房學嘉，1994: 3）。

　　相似的觀點也出現在其他學者的著作中，例如謝重光（1995）的《客家源流新探》，陳支平（1997）的《客家源流新論》等。

　　語言在分析客家源流的議題上，一向具有重要的意義，「客家北方漢人說」經常引用客家話有中原古音來「證實」客家人的中原正統。相同的，南方起源論者也有證據，中央大學客家學院院長羅肇錦教授，從語言的論證也提出「客語源起於南方」的主張。羅肇錦（2003）在〈客語祖源的非中原現象〉一文中，從客家話入手，提出七個特色來分析客家祖源，通過比較結果指出「客家話是南方系統為主體發展出來的」。在另外一篇〈客語源起南方的語言論證〉的論文中，羅肇錦進一步分別從客語的特徵詞，客語音韻等方面提出客語南源的主張。他認為：

客語的特殊口語詞大都與南方彞畬瑤苗一致，對一個不曾讀書識字的人來說，他所說的話就是他祖先傳留給他的口語。從這些口語出發，去比對彞畬瑤苗壯語，竟然客家話日常口語使用的基本詞，與這些南方語言完全符合。……客家話本來是畬語，學習北方音的書面語以後，北方音就大量的進入畬語，慢慢形成後期的南方漢語（客語），它的名稱就用他們生活的環境都是山區定出來的「客話」（意指山話），講這種山話的人被稱為客家人（羅肇錦，2006: 545-568）。

山西大學教授許懷林在〈走近客家：「南遷說」質疑〉一文，也從語言的角度來分析客家南方起源的證據：

客家話是南方一種特色鮮明的方言，它也是特定地區的土著人群所使用的語言，不可能是南遷的中原人帶來的。遷入客家基地的北方人落籍之後，日久隨俗，必也同操客家話，由客變土，若干代之後，他們當然也就是本地人。因此，追根溯源，客家話是客家人創造的，客家人是客家基地的土著人群；南遷者是次要的，南遷者的語音只是客家話中一些因素。假若不是如此，為何中原找不到客家方言，難道操此方言的民眾全部遷至客家基地了？當然，沒有這回事（許懷林，2004: 12）。

許懷林教授的主張，可能是近年來最系統的挑戰「客家人是從北方遷移到南方來的漢人」的主張。他所提出的「本地說」可以說是接著房學嘉《客家源流探奧》的進一步主張：

從新石器文化遺址可知，原始人類早已在此生息繁衍，秦漢以來郡縣行政區逐漸建立並增多，與外地人口的交往不斷見於記載，生產與文化的交流相隨發展。傳統的主流文化——儒學文

化區在擴大，荒蠻之地在縮小，所謂的化外之區，慢慢向教化內地靠攏。這個文化進程是歷史的客觀存在，然而速度很緩慢（許懷林，2004: 11）。

速度雖然緩慢，但是教化或儒化的程度應該是相當徹底。華夏文化周邊的民族，往往受到文化的影響而漢化。這可以解釋「閩、浙、贛、粵、湘諸地是畬族、瑤族等少數民族生息之區，隨著漢民族的日益壯大，中原文化加速擴展，畬瑤等人民不斷融入強勢文化之中，成為漢民族的一員」的現象（許懷林，2004: 11）。

許懷林的另外一個論證指出：

特定地區的方言有特強的生命力，既能穩定而持久的傳承下來，又能不斷地接納與融合外來成員，使他們入鄉隨俗，也說這種方言。歷史與現實久已證明，各地的方言，時至今日依然保留下來，雖然有頻繁的，大範圍的人際交流，仍然不能使方言退出社會舞臺，世界性的大都市上海也沒有拋棄它的上海話（許懷林，2004: 12）。[8]

客家話南方起源的角度，加上儒家教化影響，似乎可以解釋南方客家轉化成為北方漢人的脈絡。不過這樣的說明也對本質論的漢人定義帶來解構性的作用，漢人是其他族群可以跨越、歸屬、選擇的類別，羅肇錦教授在他的論文中，提出這樣的看法：

從空間上來看「漢人」，傳統的說法認為南方漢人是北方來的，北方漢人則一直住在北方，意味著住在北方或從北方搬來

---

8 請參考許懷林（2004: 11）。雖然如此，不過，2005年筆者去上海時，也聽說當地人有上海話被普通話取代的危機感，這種現象值得重視。

南方的才是漢人。而一直住在南方的少數民族，則是非我族類，當然不是漢人。但是如果可以證明南方的漢人本來就住在南方，不是從北方遷徙而來，那則變成南方才是漢人，而北方則是混入許多東北亞南下的胡人（阿爾泰語系）成分，形成很混雜的胡漢系統，結果北方反而沒有資格稱漢人。於是，南方不是漢人，北方也不是漢人，漢人成了一個「虛的概念」（羅肇錦，2006: 546）。

的確，無法從本質論的概念來定義「漢人」。「北方漢人是不是正統漢人」的問題，應該改為「北方漢人如何成為正統漢人」的提問。相同的，「客家人是不是漢人」的問題，可能必須改為「何以客家人要稱自己為漢人？」或者是「客家人是不是漢人，對客家人而言，有何重要性？」為了回答這些提問，有需要把作為少數族群的客家文化擺回與主流漢文化的對話中來理解。

五、少數族群與主流文化

客家人如何成為一個族群？以目前的研究來看有幾種可能，一是古代在中原確實有一個群體，是為客家人的群體，他們有自己的文化，有自己的語言。這群人經過幾次的遷徙，後來分散在廣大的閩粵贛地區，在那裡他們仍保持他們的文化和語言，這種假設顯然相當不易成立。第二種可能的情形是一群北方人士因各種原因遷徙到（現在客家地區的）南方文明之中，經過長期的融合與發展，而形成一種新的語言和文化。這些群體的存在已經有相當長的時間，但他們只是一個族類（ethnic category），並未成為一個族群（ethnic group）。也就是說在人群特色上他們已成一類，但是並沒有分享的共同的族群意識，直到有客家論述開始，特別是被歸類為非漢人的族類時，才漸漸發展出客家族群意識，客家做為一個有族群意識的族群因而浮現。第

三種情形，和第二種情形相似的是客家地區也確實有許多北方遷入的人口，所不同的是不以北方移民文化為主，而是以在地族群的南方文化特色為主導。相同的，也是要等到客家論述開始之後，才漸漸發展出具有族群意識的客家族群，而這樣的發展至今仍在一些地區進行中。針對後兩者，客家族群的認同可能朝向認同外來的文化，也可能朝向認同在地的文化。前者受到支配性漢人文化的影響，後者則在多元文化（也是多源文化）典範的脈絡中。

（一）漢人中心主義

客家北方漢人說，不論是源流或文化，主要是追溯到中原漢人的源流，如果客家原是漢人周邊的族群，也許可以說客家是從文化、儀式、價值等許多方面，經由漢化的方式而跨越族群的邊界成為漢人。客家跨越邊界成為漢人，並不是一個特殊的現象，粵人也經歷相同的論述。程美寶指出：

> 「粵人」之名，古與越人通，本來很明確指的是與中原的漢人相區別的南方土著，但明代以後，在廣東文人的著作裡，越人明顯的已經有了不同的意義。例如明人黃佐在《廣東通志》中記述廣東地區從秦漢到明代經歷了一個粵俗向化的過程，經歷長期的教化，廣東受到來自中原移民的流風遺韻，衣冠氣習，薰陶漸染，故習漸變，而俗庶幾中洲。所以明清文獻上所謂的「粵人」已成了漢人的一部分。他們中既有中原移民的後代，同時也包括了經過教化轉變成為漢人的土著（程美寶，2001：396-7）。

閩粵贛之客家人成為漢人的歷程，應該和此處粵人跨界成為漢人的分析相當類似。跨越邊界成為華夏的現象，在中國各地皆有，王明珂（2001: 9-10）曾舉出若干例子說明蠻夷之邦主動或被動去假借、

創造與模仿吳國王室的華夏風格，來證明自己是華夏後裔。用相同的角度來看客家族群的華夏文化，是否也是這樣創造出來的？客家源流作為建構與創造客家族群的「集體記憶」，族譜被用來思索連結祖地的證據，具有文化優越的族譜的記載，似乎成為客家與當地人的區別，因而建構了族群的認同，包括共同的榮譽感、凝聚力，族群想像便有了一定程度的基礎，族譜作為家族的歷史、故事、記憶與凝聚的證明，族譜所記載的時間以及經過的地點，所面臨的共同苦難、共同的敵人或者同族群中的英雄、光榮的故事，都是客家族群建構所需要的一部分。

羅香林在客家「做為北方漢人」的族群建構論述中，便以族譜作為族群歷史建構的根據，藉以說明客家的「中原」系譜，這個方法受到學界相當多的質疑，廣州中山大學的陳春聲便指出：

> 此類關於自己是歷史上移民後代的傳說，在中國人的社會中是很常見的。儘管一般的歷史解釋和教科書中的描述，中國人常常被賦予「安土重遷」的稟性，但有意思的是，在現存的數以萬計的族譜中，在鄉村父老口頭流傳的說法裡，我們所聽到的，都是鄉民們的祖先從外地遷移到本地定居的故事。最為人所熟悉的，除了客家人從福建寧化石壁遷徙到各地的故事、珠江三角洲的居民中所流傳的珠璣港的傳說，廣東整個講閩南語系方言的人群都來自福建蒲田的說法外，還有整個華北都廣泛流傳的山西洪洞縣大槐樹的傳奇。連西南地區現在被定義為彝族、苗族和侗族的人群中，也普遍流傳著自己祖先原來居住在江西吉安府的故事。從某種意義上講，整個中國社會可以被視為一個「虛擬」的移民社會。只要有機會到鄉村與老人談談，就會明白，中國普通老百姓關於先祖來自另一個他們實際上並不熟悉、但在歷史上教化程度可能更高的地方的觀念，是如何的根深蒂固。黃遵憲、溫廷敬、羅香林這些客籍文人主要的貢

獻，是根據族譜的記載，將一個一個家族的故事，塑造成一個
　　以方言為主要識別標誌的具有近代「種族」色彩的人群的集體
　　的「歷史記憶」（陳春聲，2003: 481）。

　　的確，建構客家的共同祖先、來源、南遷歷史、遷移路線，是客
家成為一個族群的必要部分，「石壁」傳說只是客家移民共同分享的
故事，但是許多客家人卻從在石壁的祖先來計算世輩，福建省的寧化
石壁被建構成「客家民系形成時期的集結點」、「大多數客家人公認
的祖居地」、「客家語言、文化習俗的搖籃」。明清之際，客家地區
越來越以附會寧化石壁過來人為時尚的背景下，重修族譜（謝重光，
1995: 134）。某個程度來說，寧化石壁的記憶，對客家人而言就是一
種創造出來的歷史記憶。清末民初是「客家人」身份認同和族群意識
建構的關鍵時期，今日我們所見讀書人關於客家源流、客家語言和客
家社會文化傳統的種種理解，大多根源於這一時期若干位傑出的客家
知識份子所奠定的基礎。

　　王明珂從中國人的「族群邊界」的形成與變遷，來解答「中國
人」是什麼。他的觀點可以用來詮釋一般性的人類族群現象，「為何
我們要宣稱我們是誰」，「為何要宣稱是客家人」，「為何客家人宣
稱自己是漢人」。王先生的族群理論，並非本質論的主張，他主張所
謂的「族群」並不是因為有共同的客觀體質、文化特徵的人群，這和
一般的說法，例如以客家血緣、客家文化或客家語言來認定客家族群
的方式很不相同，他認為族群是由族群邊界來維持，用他自己的話來
說，是「當我們在一張紙上畫一個圓形時，事實上是它的『邊緣』讓
它看起來像個圓形」（王明珂，2001: 11）。造成族群邊界的是一群
人主觀上對外的異己感，以及對內的情感聯繫，族群邊界的形成與維
持，是人們在特定的資源競爭關係中，為了維護共同資源而產生。族
群邊緣環繞中的人群，以「共同的祖源記憶」來凝聚。由於族群的本
質由「共同的祖源記憶」來界定與維繫，因此在族群關係中，兩個互

動密切的族群，經常互相「關懷」甚至干涉對方的族源記憶。

　　從記憶理論來看，誰是漢人，誰是客家人，客家人是不是漢人，或者以臺灣的現況來說，客家人可不可以稱為臺灣人，基本上都牽涉到該族群的詮釋權，1930年代以羅香林為代表的客家研究，以建構「客家源流」的方式來說明客家人的圖像，並稱客家人為優秀的「中原人士」。「華夏邊緣理論」提供了思考何以客家人在意自己是不是漢人，何以客家圖像的建構要朝著做為優秀的中原人士來進行的思考架構。

　　客家北方漢人說的詮釋，相當程度的可以解釋成其他族群對客家「污名化」的反應。正如謝世忠在《認同的污名》一書中表示：

> 污名角色的扮演，是因為弱勢的一方感受到深深的羞恥，這種強烈的負面感覺來自弱方對自己身份地位的判斷，弱方對另一方如何對他做判斷的想像，以及強方真正對弱方的判斷等（謝世忠，1987: 27）。

　　這時候的客家顯然不願意承認他族所加給的族群分類標籤，為了翻身，脫離污名的族群意象，以儒家文化為中心思想進而邁向華夏文化的認同，是建構客家族群的指導原則，通過種種方式來證實自己的漢人血統，特別是作為優秀的中原傳統的代表。這樣的作法與詮釋就像王明珂所分析的，在華夏邊緣的族群以認同華夏文化跨越邊界成為華夏，在這個邊緣上比華夏社會的中心還要更華夏。正如，我們所知北魏孝文帝對於漢人的文化、對於宗族崇拜、對於孝道文化之信仰與實踐更甚於一般漢人的行為，就可瞭解客家跨越邊界成為華夏的可能性。此一時期的客家研究並非研究閩粵贛客家是不是漢人，而是在客家做為漢人的前提下，如何尋求證明。

（二）多元文化主義

　　長時期以來世界上許多地區面對不同文化、不同族群，總是以「同化」作為基本的政策，同化政策所帶來的各種問題與迫害正是多元文化主義所反省的對象。同化政策下，常將差異視為一種異端與偏差，在政策推行中被視為徒增恐懼與不安全感而必須要剷除的「問題」，甚至在心態上就間接鼓勵自我保護與防衛。

　　近年來族群認同理論，受到「多元文化主義（multicultural-ism）」的影響，從單一到多元，族群教育政策也從「同化」轉變到「多元認同」。以美加為例，同化的概念所強調的是少數族群或移民者應該接受強勢主流社會文化的社會化教育，否定少數族群的「文化認同」，忽略多元文化可能帶給社會文化發展的刺激及創造的因素，並且壓抑了個人的文化權；多元文化主義的思想正好相反，它兼顧了不同族群的文化權與學習權的觀點，重視學習者使用母語的權力，並顧慮其不同的社會文化背景，在課程及教育中落實對於異質文化的相互肯定與尊重。近年來關於族群教育政策已經從排斥隔離，發展到容忍接受，再發展到承認尊重與欣賞差異性。

　　基本上，多元文化主義的興起，可說是針對「同化」政策的反思而來。某種程度來說，美國的民族大熔爐政策，日本在臺灣實施的皇民化運動、國語運動，以及國民黨政府來臺以後針對原住民所實施的漢化政策，針對臺灣居民所實施的禁止方言等作法，都屬於多元文化主義所反省的對象。例如非裔美人在「熔爐論」這樣一種「同化」取向的政策下被壓抑、被邊緣化。他們力圖反抗主流文化力量強迫將他們「盎格·薩克遜化」，拒絕白人所崇奉的價值，並訴求爭取自己的文化不應被抹殺其存在的空間與價值。促進了美國對多元文化的政策態度的轉變，在多元文化主義下每個族群都有權利維持對他們本身文化的認同。多元文化主義，對於族群理論所帶來的啟發，也有顯著的影響。許多國家都啟動了少數民族的權益，例如教育權、文化權甚至生育人數的特許，這個趨勢帶來的影響，使得族群之間差異，從「差

異與優劣」轉變到「差異與平等」的思考。

　　客家族群的南方起源論諸位作者，雖然沒有直接引用多元文化理論的脈絡，但是客家南方起源論的主張，相當程度的與這個多元文化價值判斷的基礎有密切的關係：做為北方漢人與作為南方土著，並不一定有高低與優劣之分。客家北方漢人說與南方起源論分屬於兩個社會理論的思維，前者為漢人中心主義、華夏文化主導的思考，後者以多元文化主義、本地起源說為主要思考架構。客家南方起源論與文化多源（多元）的概念有其親近性。在多元文化主義的趨勢之下，人們可以不必為了單一的標準和文化而跨越族群，雖然客家族群中有北方遷來的漢人，但不必棄多從少，或棄客從漢，人們開始強調多元而不同的族群特質，並從「不同而不必卑微」，發展到「不同且平等」的境界。作為南方在地的客家和作為北方的漢人在價值判斷上並無不同，這樣的思考空間給本地說提供了發展的可能性。

六、結語

　　一般說來族群的分類並不依照生物遺傳所認定的特色來分類，許多主觀的與文化性的因素引導著族群意識的形成與建構，例如關於族群共同的祖先、共同的逃難路線、共同的英雄、分享相同的宿命或苦難史等等所具有的意義。客家源流的研究，客家文化特色的建構，乃是族群意識建構的一部分，也是客家族群形成所需要的一部分。客家源流的議題，可以是一個經驗證據性的議題，但舉證不容易，目前看來比較像是族群記憶的文化性與詮釋性的議題。客家族群建構之初，選擇以漢人、以中原，特別是堅持中原文化為其集體記憶來凝聚客家族群。客家源流所牽涉到的集體記憶的詮釋與創造，使這個特殊的客家族類流離遷徙世界各地，卻能「離而不散」，不能不佩服客家人集體記憶所發揮的重要性。

（本文曾發表在劉海平編（2008），《文化自覺與文化認同：東亞視角》，頁123-147）

參考資料

Newman, W. M., 1973, *American Pluralism: A Study of Minority Groups and Social Theory.* New York: Harper & Row.

王明珂，2001，《華夏邊緣：歷史記憶與族群認同》。臺北：允晨文化公司。

王雯君，1999，〈多元文化管理之研究——以臺北市原住民就業為例〉。臺北：國立政治大學公共行政研究所碩士論文。

江運貴，1996，《客家與臺灣》。臺北：常民文化出版社。

房學嘉，1994，《客家源流探奧》。廣東：高等教育出版社。

洪泉湖等，2005，《臺灣的多元文化》。臺北：五南圖書公司。

高木桂藏，1992，《日本人筆下的客家》。臺北：關屋牧發行。

許懷林，2004，〈走近客家：「南遷說」質疑〉，《移民與客家文化國際學術研討會》論文集。

陳支平，1997，《客家源流新論》。廣西：廣西教育出版社。

陳春聲，2003，〈清末民初潮嘉民眾關於「客家」的觀念：以《嶺東日報》的研究為中心〉，《全球客家地域學術研討會》論文。臺北：師大地理系。

陳修，1994，〈跋〉，房學嘉，《客家源流探奧》。廣東：廣東高等教育出版社。

程志遠編，1994，《客家源流與分布，外國人對客家人的評價》。香港：天馬圖書公司。

程美寶，2001，〈地域文化與國家認同：晚清以來「廣東文化」觀的行程〉，楊念祖編，《空間、記憶、社會轉型：「新社會史」研究論文精選集》。上海：商務印書館。

蕭平，2002，《客家人》。四川：成都地圖出版。

謝世忠，1987，《認同的污名——臺灣原住民的族群變遷》。臺北市：自立晚報社。

謝世忠，2006，〈「族」是什麼？人類群體的多類組合〉，《科學發展》，
　　第405期。

謝重光，1995，《客家源流新探》。福建：福建教育出版社。

羅香林，1950，《客家源流考》。香港：崇正總會。

羅香林，1965，《客家史科匯編》（第一冊）。香港：中國學社。

羅香林，1982，《客家研究導論》。臺北：南天書局。

羅肇錦，2003，〈客語祖源的非中原現象〉，「中國語文學研究會」論文。
　　首爾：延世大學。

羅肇錦，2006，〈客語源起南方的語言論證〉，*Language and Linguistics*，第7
　　卷第2期。

族群記憶與臺灣客家意識的形成

摘要

　　本文以臺灣客家意識之形成為議題，從不同時間的長度來思考其族群歷史記憶與認同之間的關係。長時段的族群記憶方面，除了討論客家族群的中原認同之外，也將討論臺灣客家移民初期原鄉崇拜的客家歷史記憶；中時段的族群記憶，顯示移民的在地化現象，記憶的起點從來臺祖開始，有些則是從離開老家到都市打拼前在臺灣客家村落的生活記憶開始，有三十年或五十年的歷史記憶；再則是近年來公部門的資源介入之後，鑲嵌於臺灣在地的客家活動實作記憶。在臺灣的客家族群歷史記憶，可以看到羅香林所主張的中原客家的持續發展，另一方面也可看到客家在地化、土著化的新發展，後者則是本文所討論的，在新的客家活動實作過程中，客家族群所經歷的新體驗及其所創造的在地客家意識。

關鍵字：客家、族群記憶、臺灣客家意識

一、前言

　　過去社會學對於臺灣客家族群的討論，經常是放在閩南人、外省人與客家人的職業與教育分類上（林忠正、林鶴玲，1996；張維安、黃毅志，2000），或者是放在族群通婚的研究議題上（王甫昌，1993）。近年來討論客家族群認同的議題多了起來，特別是解嚴以後各種客家運動的課題（張維安、徐正光、羅烈師編，2008），關於客家族群的本土性特質論述已經累積相當的成果。客家族群作為一個研究對象和原住民作為研究對象有許多不同，特別是不容易界定客家人是誰，過去從語言、血統與文化等各方面來界定客家人的著作不少（陳運棟，1991；江運貴，1996）。近年來，年輕的學者（高怡萍，2004；羅烈師，2006；林吉洋，2007）則逐漸地認為客家人是誰的問題，應該轉變成「客家如何形成」的方式來提問。羅烈師（2006）在〈臺灣客家之形成〉論文中，曾經以十九世紀竹塹地區為對象，考察分析原本的粵人認同，至二十世紀初時將原來他稱的客人轉化為客人之自稱，而有所謂的臺灣「客家人論述」，[1] 其論述的內容是從地理性的粵人，轉變成族群性的客家人。林吉洋（2007）通過「客家公共事務協會」為軸線的討論，以敘事方法分析「臺灣客家認同的形成」，分析了在多元文化架構下，以政治槓桿而發展的臺灣客家認同之形成。關於臺灣客家意識的形成，在解嚴前後發生了一次重要的變化。王甫昌（2003: 137-8）指出「新世代反對運動者在界定『臺灣民族語言』時，將最多人使用的『福老語』直接透過運動場合的實際運用，而定義為『臺灣話』」；另外閩南史觀的論述者以「不義之民」質疑客家的義民信仰，並以閩南話為臺灣話等見解，造成臺灣客家族群意識逐漸凝聚。

---

1 羅教授的論文進一步指出這段時期的「臺灣客家人論述」與兩廣所完成的「客家論述」，共同合流為「客家論述」，1921年在香港成立的崇正總會，也納入分析。

臺灣客家意識的形成與發展是在長時段中進行的，也有其一定的社會情境，本文通過移民歷史時間的分段來加以分析。分析一件事情所選取的時段之長短，將影響到議題的內容甚至影響結論。[2] 針對客家移民的歷史記憶和臺灣客家意識的形成，下文將分為三個部分來討論，首先是中原客家記憶：基本上是中原記憶及其延伸；許多臺灣客家人都能闡釋客家人中原南遷的歷史，並強調客家是中原正統的漢人，即使來到臺灣已有很長一段時間，仍然保有這種記憶。不只是臺灣，即使是在東南亞的客家會館文獻中也可發現相同的記事與強調；其次，集體性失憶部分將說明臺灣客家族群記憶之失憶背景：特別是在政府強力推動國語教育與工業化的過程中，客語流失、文化模糊、客家身份被隱藏甚至污名化，乃至於導致客家人有意地從記憶中刪除自己的族群身份認同，特別是在代間教育上，形成了族群記憶的代間失憶現象；第三部分為臺灣客家意識的誕生：這是一組植基於臺灣本土社會運動的客家意識，特別是在行政院客家委員會設立之後，又相繼設立了客家電視臺、客家學院與研究所、舉辦許多學術研討會，以及所推動的各種具有地方特色的文化產業營造過程中，幾乎看不到電視廣播或學術議題談到客家為中原漢人的記憶，[3] 相對的論述的議題都集中在客家族群在臺灣的開墾歷史，對臺灣社會的貢獻，通過許多實作的案例分析，形成了新的臺灣客家意識。不可忽略的是，在這一波所謂的臺灣客家在地記憶建構的過程中，仍有一些到中國大陸原鄉尋根、祭祖的客家人，在他們的心中依稀可見做為中原漢人的記憶和追求，本文所討論的是與這一群平行，但鑲嵌於臺灣本土社會運動、地方實作，以及臺灣論述基礎上，所產生的臺灣客家意識。

---

2 例如，以年鑑學派學者的 F. Braudel（2002）以及高承恕（1997）所提的短時段、中時段、長時段的歷史時間來看，便有一定程度的啟發。年鑑學派的時段分期不一定能夠作為量尺來分析我們的議題，年鑑史學家重視結構性的、底層的分析，但是瞬間或短期的事件也有一定的意義。

3 有一份《客家郵報》比較可能有這方面的特色，除了臺灣客家活動的訊息之外，可以看到許多中國大陸客家社區的消息，但是這份報紙通常不容易在臺灣鄉間的客家社區中見到，特別是在客家文化創意產業的場合，幾乎沒有人在這裡投稿論說。

二、中原客家記憶

（一）中原記憶

　　關於臺灣客家族群的中原記憶之討論，牽涉到記憶時段的長短。而客家記憶時段的長短，又可能牽涉到客家認同的議題。過去，客家歷史記憶的文獻，多半認為客家原為中原正統的漢人，強調客家在這方面源遠流長的記憶。特別是在客家正名為漢人的論述中，客家族群歷史記憶上溯數百年的族群南遷歷史，清末1808年惠州豐湖書院山長徐旭曾（1992/1808）在後人稱之為「客家人宣言」的《豐湖雜記》中指出客家為中原衣冠舊族、忠義之後：「今日之客人，其先乃宋之中原衣冠舊族，忠義之後也。自宋徽、欽北狩，高宗南渡，故家世冑先後由中州山左，越淮渡江從之。寄居蘇、浙各地，迨元兵大舉南下，宋帝輾轉播遷，南來嶺表，不但故家世冑，即百姓亦多舉族相隨。有由贛而閩、沿海至粵者；有由湘、贛逾嶺至粵者」。[4] 後來，羅香林教授（1987）《客家源流考》也稱：「南遷的中原民眾一批一批湧來，沿武夷山南下或由贛南到汀州、寧化的石壁寨（現名石碧村，一般文獻稱為石壁村）一帶，然後繼續移遷汀州郡各屬地；一部分人則由贛北散居各邑。入汀的中原民眾與當地閩越族、畬族逐漸融合，成為汀州早期客家人」。討論客家源流的文獻，普遍接受「客家人從中原遷徙到中國南方，以及出海至南洋群島乃至世界各地，有一大部分都經過了汀州寧化石壁」的說法。[5]

　　整體來說，影響最大的還是羅香林教授的論著。從他之後，中原

4　徐旭曾及其《豐湖雜記》，http://www.hzcom.cn/HTML/HuiZhou/47/2008/2/10/Art_54706.html（2009/9/26)。除了被稱為「客家人宣言」之外，也有人稱這份文件為「客家民系形成的標誌」，參考〈客家民系形成的標誌與客家學中的惠州〉，http://www.chinareviewnews.com (2006/09/13)。

5　《嘉應州志》卷三十二《叢談》指出：閩之鄰粵者相率遷移來梅，大約以寧化為最多……客家人從中原遷徙到中國南方，以及出海至南洋群島乃至世界各地，有一大部都經過了汀州寧化石壁。〈梅江文化與汀江文化的淵源關係〉，http://big5.xinhuanet.com/gate/big5/fj.xinhuanet.com/zhkjw/2008-10/30/content_14785561.htm (2009/9/26)。

漢人，移民中轉站的石壁村，被接受為客家歷史共同記憶的一部分，基於此客家族群能夠想像自己是一個有歷史、有傳統的民族，不論這個傳統是原來就有的，還是後來才創造的。有了歷史，認同才有根據，族群才能凝聚，族群作為一個整體的想像才有可能。羅香林所奠定的這個族群想像的歷史基礎，相當程度為許多海內外客家人所信奉，甚至成為國際客家活動之所以可能的條件之一。

三〇年代，大陸客家研究剛剛開始的時候，客家作為一個族群，被喚起的記憶主軸是客家作為中原正統的漢人。這個中原正統的客家記憶，成為許多客家論述所共享的基礎。往回進行長時段的記憶整理時，客家族群的記憶是從所居住的閩粵贛往不確知的中原，或者是「石壁村」進行想像的連結，客家在羅香林所建構的記憶中找到了源頭。客家漢人正名以及族群源流的爬梳，相當接近族群建構的論述（或者是客家作為漢人中一個有特色民系之建構論述），有了族群起源的歷史（無論是真實的或是假借的），客家族群的建構便具有了基礎。

這個建構及後來的爭辯所牽涉的討論，本文稱為「羅香林議題」。這個議題的底層，涉及客家與漢人關係的兩種可能性：首先，客家就是漢人，甚至是中原正統的漢人；第二，客家做為漢人是經過一定程度的選擇過程，因為歷史上未見「客家南遷」的記載，比較可能的是北方漢人南遷後，在南方發展出客家，血統上當然是漢人與土著的交流，不過其後代卻選擇作為漢人。關於這點，王明珂先生的「華夏邊緣理論」有助於思考客家選擇作為漢人的過程。王先生針對華夏這個民族的誕生進行了精闢的論述，特別是在華夏夷狄之間族群邊界的移動（王明珂，2001）。中國的建立、漢人地位的確定，和漢人文化重要性的建構與意識型態的影響有密切的關係。華夏周邊的其他民族，通過生活習慣、文化實作這種方式，在族群邊界上做了改變。王明珂在〈徘徊在漢與非漢之間：北川羌族的歷史人類學研究〉一文中提到：

原青片、白草番域成為漢土，這個族群邊界的變遷，一方面是由於大量漢人的移入，另一方面是本地「除羌為民」的土著從此成為漢人。然而問題並非如此單純。首先，漢移民在本地常娶當地女子為妻，在漢文化的父系原則下，他們的子女也都自稱為「漢人」。因此這些「漢人」並非完全是生物性的漢人；正確的來說，他們是由文化所界定的漢人，或是以選擇性記憶（對母系失憶）所造成的漢人。其次，所謂「漢移民」是由文獻與口述譜系來界定的。然而我們無法分辨哪些是真實的、哪些是虛構的家族譜系。特別是，「湖廣填四川」祖源記憶在本地非常地普遍，與此有關的家族史記憶常有明顯的虛構性。因此本地相當一部分「漢人」應是非漢土著假借湖廣祖源記憶而形成的。無論如何，這些「漢人」主要是家族記憶（無論是真實的或是假借的）所造成的漢人（王明珂，2004: 93-4）。

「客在漢畬之間」的命題，可能並不合適用來分析客家漢化，但是北方漢人在南方發展出來的客家主要都認同漢人，則與前述的「徘徊在漢與非漢之間」有關。在客家族譜和中原記憶的關連上，「漢人」成為客家族群主要的家族記憶，客家之所以成為漢人，與華夏周邊的其他族群如何跨越邊界成為華夏的分析有幾分相似。羅香林先生的客家研究，當時所回應的問題，就是要替客家族群作為漢人尋找相關的證據以建立其正當性，從王明珂的理論上來看，可說是客家人成為華夏族群的案例。[6]

從中國三千年歷史的長度來看，有一個長期性歷史記憶的建構，就是華夏民族的建立，漢人地位的鞏固。在這個大的趨勢上，客家族群的建立基本上是建構客家人的漢人地位，並以族譜、源流等將客家

---

6 這個議題值得進一步在客家地區進行研究，如2009年筆者在江西南邊贛州的田野調查得知，贛州近年的客家人口年年有增加。這種增加主要來自選擇承認自己是客家人的情形增加了，尤其是在學者、媒體或政府部門的推動下，從本地人「成為」客家人的人口正逐年增加。

人建立為中原正統人士，甚至是最純正優秀的漢民族之代表。羅香林先生的觀點，可視為這個長時段客家族群記憶的建構。在這個時段中，客家族群歷史建構與詮釋，主要在於建構客家作為漢人的歷史記憶，尋找種種蛛絲馬跡來「證明」（佐證）此一重要的「主張」。族譜的研究，是其中一個重要的歷史線索，其所建構的記憶一直往前聯繫到幾乎相同的源頭，還有共同的歷史經驗、相似的移民路線，或者是移民遷徙時共同經歷的故事，通過羅香林的論述，建構了這個長時段的、北方起源的客家族群記憶，通過這段客家族群記憶的詮釋，客家於焉成為一個族群。

（二）原鄉記憶

臺灣客家移民，長時期以來受到羅香林教授的見解所影響。羅香林的主張代表了認識客家的主要觀點，客家的歷史、客家的源流、客家人的認同（特別是作為漢人、作為中原人士的認同）基礎，可說已經相當穩固。臺灣客家研究的先驅，陳運棟（1988）先生開始寫作《客家人》一書時，其所思所為或可作為這個說法的延伸。早期在臺灣，客家人自認為中原人士，正統的漢人是相當普遍的，客家相關的媒體，以中原雜誌、中原週刊、中原衛星電視臺命名，都是彰顯出華夏邊緣理論的意義，同時也說明了羅香林見解的重要性與影響力。

「歷史」、「源流」是一個族群認同的重要因素，分享共同的歷史，相同的故鄉，或者是共同的移民時間，引以為傲的族群故事，光榮的過去、神話，都是凝聚族群的重要因素。「要成為人類社群的一份子，就要將自己安置在這個社群所擁有的過去當中，而過去乃是永久存在人類意識中的一個面向，是制度、價值或行為模式所不可或缺的一部分」（Hobsbawm, 2004: 34）。這種過去感以及久長的歷史對一個人，對一個族群都是重要的，雖然現在的社會位置也會決定對過去歷史的建構與論說。

客家作為一個文化記憶承傳不斷的群體，經常強調其共同記憶的

故事。王雯君（2005）對客家網站的觀察指出，大多數客家網站都會討論客家人的歷史源流以及遷徙路線，甚至作為網站介紹的重頭戲。例如Hakka網、多倫多客家網、世界客家資訊網等在敘述客家源流時，便會論及客家人由中原南遷的奮鬥史，認為分布在世界各地的客家人都有個顛沛流離的遷徙歷程以及共同的祖源地——中原，客家是千年來歷經天災人禍，千辛萬苦從中原逃難而生存下來的漢族子孫。「世界客家資訊網」的客家資料中心以「中原河洛文化，客家創業精神，源遠流長」以及「根繫中原」作為視窗標題，中原不僅是敘述一個地理範圍，更是鑲嵌著一段源遠流長的時間敘事，帶領客家人溯回至久遠以前。全球各地的客家人似乎共同面臨一個相似的現象，關心的是共同的記憶，也就是「祖源」，關於其在地化的意識反而忽略了。

在這些網站中可以看到客家人的祖先來自「北方黃河長江流域孕育中國古文明的沃土」，「是中原北方的漢族」的主張。同時也會提及客家辛苦遷移史，尤其是沿襲羅香林（1990）先生在《客家源流導論》一書中的說法，從東晉五胡亂華開始（距今一千五百多年以上），從北至南遷徙，歷經五胡亂華、唐安史之亂、黃巢造反、金人入侵、宋室南渡、流寇之禍、清兵入舉等多次戰亂烽火及天災飢荒，遷徙到南方又遇土客械鬥、天災人禍等等。這些故事、遷徙的路線，不斷的重複訴說，不只在客家網站，甚至市面上重要客家文獻都要描寫這一段悠久長遠的客家歷史，敘述其根源、遷徙、祖先甚至傳統。儘管實際上的歷史大部分人都不是這麼清楚，但是故事的背後所蘊含共同記憶，卻隱藏著歷史建構的意涵。「過去感」讓「現在」可以正當的存在，「過去」的意象、故事、甚至是共同的創痛，都是當下客家族群合理存在的基礎，族群認同必須具有共同記憶為基礎。不論是網站上或日常生活世界中，在臺灣或在海外，許多客家人都能說上一段類似的源流故事。

客家族群在日常生活中保留許多方式來指認自己的客家特徵或漢

人身份，例如祖先牌位上女性祖先稱為「孺人」，客家人神龕下方會奉祀土地龍神，客家人稱土地公為伯公，客家人的天公爐在戶外，福建人的天公爐則在室內。客家人也用許多方式來確認自己的漢人身份，例如說漢人腳指的小拇指指甲有一條小裂縫，也就是說小趾頭的旁邊會多出一小塊指甲；也有人說把雙手的手掌向上彎，手肘上半部會出現一條線，也就說下手臂內側，靠近關節處手臂內側有一條線。[7] 確認為客家人或證明為漢人一向是客家人關心的議題。雖然通過這些特徵來判斷，實際上常常發生困難，但是客家的這種記憶，確實曾經深深地烙印在臺灣客家族群的身上。臺灣客家人長時期以來的「原鄉情結」，曾經作為純正的、中原人士的「歷史記憶」，主導著臺灣以及筆者在東南亞所見到的客家鄉親。如果「土著化」是指漢人移民社會在地緣意識上認同於臺灣的過程，原鄉記憶則是中時段的南方祖籍記憶，相對於長時段的中原記憶，在時間的長度與空間的想像，已經有所不同，但是中原記憶與原鄉記憶的客家意識在空間上都還是中國內地的記憶。

三、集體的失憶

　　就陳其南（1984）關於清代臺灣漢人社會發展的「土著化」理論來看，土著化前的臺灣社會在心態上仍認同於內地祖籍，而為內地社會的連續或延伸。臺灣漢人社會之發展過程是「移民社會」轉型為「土著社會」的過程，其認同由大陸祖籍意識改變為認同臺灣的地緣與血緣意識，移民社會的性質就是原鄉傳統社會移植或重建的過程。早期臺灣客家移民與一般漢人相同，多數只打算暫時居留，經過一段時間的定居以後，逐漸感到回本籍祭祖之不方便，其中有能力或得功

---

7 這種判斷「漢人特徵」的傳說，今天多少還在流傳，除了這兩個特徵外，門牙內面呈凹槽狀，單眼皮也有人列入。

名者，遂倡導建祠堂而開展土著化的格局，不過客家族群的中原漢人歷史記憶，似乎並未因此而被忘記。倒是，因為工業化與都市化的關係，以及政府推行國語等造成客家族群的代間集體失憶，進而帶來臺灣客家意識誕生的可能性。

如前所述，臺灣的客家人在移民初期，仍然有非常強烈的原鄉情結，對於客家作為漢人，特別是，作為最正統的漢人的想像、證據、故事與詮釋一直流傳著。這段原鄉情結可以視為羅香林見解的效果。配合著國民黨政府所執行的復興中華文化政策、語言政策，以及工業化所造成普遍離鄉、離業的現象，逐漸造成臺灣客家人的隱形，以及在族群邊界上向其他族群的移動。尤其是在都市裡，如果沒有特別的理由，客家人通常是隱身在其他的族群之中使用國語和閩南話，因為客家人在外表上不容易分辨出來而容易隱形。這段時間造成了客家語言大量的流失，同時也帶來客家文化的流失以及作為客家人信心的喪失。

徐正光（1990）曾經指出臺灣從「五〇年代到六〇年代以來，經歷土地改革以及工業化、都市化的快速發展，更有大批的人，從山鄉、農村，或被自願或被迫的遷徙到都市，成為都市的邊緣人或為生活奔波的都市中下層」。更重要的是背後有一個共同的課題：「與故鄉的背離」。「他們在海外，在他鄉或在孤島中，失去了與土地的聯繫，也在精神上脫離了原生的文化臍帶與共同的集體記憶」（徐正光，1999）。工業化、離農、與土地切斷關係、離開故鄉到都市讀書與謀生，所謂的發展，就是要和自己的土地、自己的家鄉，甚至和自己的文化切斷關係。當然這也是一種外來的、移植的現代化過程所內含的異化命運。這種現象雖非針對客家族群，然而客家卻正好是這段時間偏遠地區集體命運的主角。

這一段時間國民黨政府所推行的國語政策、中國文化復興運動，使本土文化的脈絡被抽離，通過文化、教育與媒體的運作，電視臺、廣播電臺幾乎沒有客語節目。臺灣的客家人，尤其是新生代普遍使用

國語。林彥亨在他的論文中提到「臺灣早年的廣播生態，長期由黨政軍控制95%以上的頻道，屬於寡頭壟斷的型態。除了停止民間申設電臺，後來還訂定方言限制條款以利國語政策的推行。臺灣最早的客家廣播是在『政令宣導』和『壓制匪播』的使命下，偶然的出現在中廣苗栗臺」（林彥亨，2003: 18）。

　　國民黨的語言政策和文化政策，對客家人來講有非常深刻的影響，一方面政府推行的中華文化政策和客家族群原來的中原正統有其親近性，另外一方面由於國語和閩南話在臺灣島內已經變成重要的語言，客家話逐漸流失，公共電視、大眾交通系統、公共領域、學校、公家機構都以國語和閩南語為主。客家人在這一段時間，相當程度是臺灣的隱形人，或者是在閩客族群的邊界上往閩南族群跨越。

　　行政院客家委員會在2004年11月11日公布由楊文山教授主持的「全國客家人口基礎資料調查研究」成果，顯示非客家人會說客家話的比率偏低，該調查指出「整體看來有1.9%的民眾會說或聽客語，但不具備客家血統也不自認為是客家人」（楊文山，2004），也就是說，全臺灣只有1.9%的非客家人會說客家話。客家話作為一種市場語言，在臺灣是明顯的弱勢，非客家人會說或會聽客家話的比率真的很低。「整體臺灣客家民眾中55.3%的民眾表示在家最主要使用的語言為普通話，客語有15.8%，最主要使用福老話有28.3%，最主要使用原住民語的比例不到1%」（楊文山，2004: 4-6）。該調查指出「發現臺灣客家民眾在家主要使用的語言以普通話比例最高（94.7%）、其次為福老話（73.7%），再其次為客語（39.7%）」（楊文山，2004: 4-8）；值得注意的是客家民眾在家中使用客家話的比率也偏低，整體來說，使用福老話與國語的比客家話的還要高。這可能與其所處的環境有密切的相關。進一步來看，即使在客家密集區客家人在家庭中使用的語言，也只有22%是以客語為主的，這項資料點出了客家族群相當大的危機（楊文山，2004）。「語言流失」和「文化失憶」有高度的關聯性，隱形於其他族群之中的客家人改用社

會上的主流語言、文化，為了融入主流社會，要隱藏自己做為客家的身份，在生活上更是要遠離做為客家的符號，例如客家的語言、客家的習俗，甚至連日常生活熟悉的生活習慣，都因為離開了原本的環境與實作空間而失憶。這樣的情形在新一代客家人的身上顯得尤其清楚，這些都市客家第二代，有些因為父母親不強調客家文化，不說客家話，連自己的祖先是不是客家人都不知道，更遑論客家記憶。大體來說，這段時間客家族群所表現的是隱身、跨界與失憶，進而造成代間的集體失憶。客家族群與原有記憶的斷裂，象徵著與傳統之間的連帶變弱了，也象徵著空出了一個位置，使得新的發展成為可能。

四、鑲嵌於本土運動的客家記憶

臺灣客家族群記憶的恢復與臺灣本土社會運動的開展有密切的關係，最近二、三十年來，臺灣社會原本的多元化現象得到發展，1987年政治上的解嚴是一個非常重要的關鍵（蕭新煌、黃世明，2001），此後臺灣多元文化發展的過程中，本土化、在地化得到進一步的重視。原來所存在的「漢人－原住民」的議題正式浮上檯面處理，原住民得到了正名，不再使用「山地同胞」的名稱。「本省人－外省人」的分類，「閩南人－客家人」的分類，在這種情境中一一出現。特別是在「本省人－外省人」的分類下，閩南人以閩南人為臺灣人，以閩南話為臺灣話的主張，使得客家人的定位模糊，並催促客家人開始思考自己族群的定位。

（一）正名議題與客家意識

羅香林先生的時代，客家人需要正名的是「客家人是漢人」，[8]

---

8 清末報紙、教科書關於「客家非漢」之論，讓當時客家知識份子感覺被污名化，從而發起「正名客家為漢人」之運動背景，請參考張維安（2008）。

此時此刻臺灣的客家人需要正名的是「客家人當然也是臺灣人」。解嚴後，一些民間論述開始凸顯客家的特色，例如客家文學、客家美食、客家服等等，客家作為一個人群的分類，其語言、文化、社會、經濟、政治特色漸漸受到重視。其中最重要的是客家發聲運動，客家族群從提倡文化公民權，檢討廣播、電視等公共資源的分配，讓客家在公共領域現身，並提升客家族群的自尊與認同。

如前所述，臺灣客家族群意識的覺醒與臺灣本土運動的發展有密切的關係，政治上解嚴之後，多元性、全球化、在地化同步開展。在這段時間，隨著自由旅行的發展，國人出國旅行觀光的數字大幅攀升，通過對他者的瞭解，對本地文化有更進一步的認識與珍惜，解嚴之前已經有相當活動的本土意識，在這之後進一步得到行動的正當性，各式各樣的本土社會運動相繼展開，臺灣在地的族群意識也是其中一個重要的運動。

在這個本土社會運動過程中，客家意識逐漸清晰化。在這一段時間，特別是由於閩南族群的臺灣意識獨佔了對於臺灣人與臺灣話的命名權，雖然有一些客家人認為以閩南族群在臺灣的人數來說，把閩南話稱為臺灣話，把閩南人稱為臺灣人也可以接受，但是多數的客家人仍然對此感到不安。一是在邏輯上的不安：例如，有人到了閩南地區問到何以閩南地區的人會說「臺灣話」，則甚是奇怪；另一則是權力上的不安：閩南人雖然習慣將閩南話稱為臺灣話，客家人習慣將客家話稱為客家話，但是一旦牽涉到因為閩南人是臺灣人，所以客家人不是臺灣人，閩南話是臺灣話，所以客家話不是臺灣話的詮釋時，就不容易坦然面對。有時還會有一些閩南人「質問」客家人何以吃臺灣米卻不諳臺灣話？[9] 客家人再度面臨正名的議題，羅香林議題面對的是客家人如何正名為漢人，八〇年代臺灣客家人面對的是如何正名為臺灣人。

---

9 這種族群命名權的壓力，外省族群也相當程度的有所感受。

一位年輕學者在他的論文中提到這樣的觀察：「剛進入中廣客家頻道服務的時候，中廣公司剛把原來的『閩南語網』改名為『寶島網』，這個作法曾經在當時的客家頻道主持人之間引起不小的討論，認為中廣公司（或是閩南語網）居心叵測。」姑且不論這個作法動機為何，為何這件事會挑動客家人敏感的神經呢？關鍵在於如果閩南語網等於寶島網，[10] 便隱含著「閩南話等於臺灣話」、「閩南人等於臺灣人」的聯想，這種論述方式，將使客家再次於臺灣的族群光譜裡隱形消失。由於過去在野陣營以社會運動來挑戰國民黨的威權體制，往往帶有強烈的族群正義色彩，也就是要求臺灣人當家做主、取代外省人對政經結構的壟斷；「臺灣人」的意涵往往有意無意中被狹隘地解釋為福老人，客家人未免懷疑是否被排除在本土主人之外，此時，跨越全臺灣的客家認同明顯地凝聚了起來。因此「新个客家人」運動在1980年代蔚然而興，透過「還我母語」運動取得跨越政黨的動員，領導者揭櫫「新義民精神」以及「新的客家人」，試圖塑造出「臺灣客家人」的族群認同（施正鋒，2002: 5）。

　　林吉洋（2007）指出：中原客家跟臺灣客家並非「必然」衝突，它們各自描述的歷史敘事是由不同時間歷程組成的故事。中原客家論述是漢人中心史觀下建構族群認同仰賴之族群傳說，敘事情節說明歷史上客家遷徙與發展歷程，強調客家民系的「過去」與中國歷代的漢人政權、中華正統的關連性，以證明客家源流於漢民族的屬性；而臺灣客家的敘事情節著重於客家遷徙臺灣之後的拓墾，敘事者著重於描述客家在「當代」臺灣社會的處境與認同危機，強調客家人必須透過公共參與（包括認同國族意義上的臺灣）以擺脫污名、落地生根。

　　在這個過程中，有許多客家團體，特別是通過政治參與的方式來替臺灣客家族群定位。彭瑞金提到：「客家的語言不容改造，客家人

---

10 本節行文為配合引證中廣「閩南語網」改名之事例，暫以「閩南語」稱本論文統一使用之「福老話」，以使文意順暢。

的血緣也不能捏造，客家的文化特質也不能變造，但客家卻不能不從遷徙文化蛻變過來，從一再遷徙的流浪、漂泊的心態調整為定居固著於臺灣的主人，將族群的優質貢獻出來，共同經營這塊土地，才能擁有這塊土地的發言權；一旦擁有發言權，用什麼聲音發言，豈不是變得不那麼重要，當客家不再是流浪的客家，把這裡當作自己永遠的家，才是客家人的首要課題」（彭瑞金，1993: 70；轉引自林吉洋，2007）。

在做為臺灣主人的論述中，客家論述著重於到臺灣之後在當地的經驗，重新思考客家祖先到臺灣之後的族群關係，歷史上與其他族群的合作或鬥爭的經驗，甚至重新安置客家人在臺灣歷史開發過程中的地位，例如「乙未戰爭與客家」的歷史論述則是強調日本人侵略臺灣時，客家人如何保衛臺灣，如何抗日；在臺灣民主化過程中，客家人在 [國民黨] 黨外活動的強調則是希望說明客家人在臺灣民主化過程中的貢獻。這些在地的經驗與打拼，說明了客家人在臺灣歷史中的地位，也直接表達了閩南觀點的「誰是臺灣人？」，「什麼話才能稱為臺灣話？」的立場。過去許多臺灣人共享的榮耀和資源，因為客家歷史記憶的重建與思考，而漸漸凸顯客家的特色，例如臺灣文學與客家文學的關係，眾所周知客家文學在所謂「臺灣文學」中所具有的地位，也因客家的現身而清晰。某個角度而言，這段時間臺灣的客家記憶與臺灣本土運動的開展是共構的關係。

在客家人作為臺灣人的過程中，客家話不只是在國民黨的方言政策下受到打壓，同時也在閩南人的福老沙文主義下受到歧視。臺灣的客家文化認同運動，從臺灣都市化最高的臺北市開始，這是客家人離鄉與其他族群相遇較多的地方。客家運動以客家發聲運動為開端，從客家雜誌的創辦展開還我母語運動（范振乾，2002），創辦客家話發音的專屬電臺，以及24小時客語發音的客家電視臺，發展到後來行政院客家委員會，以及各級行政單位的客家事務委員會的設立（張維安編，2002），公部門的資源介入到臺灣客家討論逐漸增加。這段時

間內，臺灣客家記憶逐漸的在地化，不論是《渡臺悲歌》的移民記憶（黃榮洛，1991），還是義民信仰從褒忠到客家社區的轉化（張維安、張翰璧，2008），客家論述雖然還是牽涉到大陸原鄉記憶，但是臺灣客家族群的歷史，族群互動的記憶，以及新創的客家文化傳統，已經漸漸的在地化。相對於客家的原鄉，臺灣的客家文化有其連續性與更多的新創性，接下來讓我們稍微細緻一點來分析這一段過程。

（二）客家意識與客家運動

　　2003年客家電視臺開播，是第一個專以客語發音的電視臺。許多人都知道客家電視臺的設立對客家文化、語言、自尊心具有重要的意義。表面上它的設立和行政院客家委員會有密切的關係，但是如果要討論它的誕生，則不應從行政院客家委員會的設立開始，而是要追溯到1988年甚至還要更早。從電視與民眾使用語言的關聯性上，將客家電視與客家語言之間的關係聯繫起來，可以追溯到「還我母語」運動。該運動特別針對造成客語流失的因素提出三大訴求：「全面開放客語電視節目；修改廣電法20條對方言之限制條款為保障條款；建立多元開放的語言政策」。三項訴求中有兩項和傳播媒體有關，可見媒體的近用權是客家母語運動的主要訴求（張學謙，2003）。鄭榮興教授也指出：「客家電視臺的設立，除了行政院客家委員會的支持，它同時更是客家鄉親推動『還我母語』運動十幾年以來最具指標性與象徵性的成果」（鄭榮興，2003）。依照這段歷史脈絡來看，客家電視臺的設立乃是客家還我母語運動初期主張的「客家傳播權」或媒體接近權的議題。

　　徐正光在范振乾的《存在才有希望》一書之序文〈書寫臺灣客家運動史〉中指出：在解嚴的同一年10月，具有濃厚啟蒙和運動色彩的《客家風雲雜誌》創刊，為往後的客家社會文化運動揭開了序幕。次年年底（1988年12月28日），在《客家風雲雜誌》主導以及其他社運團體的支持下，發動了以打破廣播電視媒體壟斷、爭取語言文化

資源合理分配為主要訴求的「還我母語運動」。這次的運動召喚了許多隱身於臺灣各界的客家菁英和社會大眾一起走上街頭，是客家鄉親第一次成功的發聲和現身運動（徐正光，2002）。這次的運動為後來客家電臺、電視臺的設立奠定了基礎，也可以說這次運動顯示設立客家廣播電臺、電視臺的需要性（姜如佩，2003；鍾皓如，2004；陳月針，2004；鄭自隆，2003）。

范振乾指出，這次「還我母語」萬人大遊行最重要的意義在於「客家人終於走上街頭了」。這一運動超越了以血緣、地緣及神明祭祀圈關係等以感情為基礎的傳統動員方式。而是經由理性思考，以爭取憲法平權作為基本訴求，並以「族群」為名的集體運動方式，在臺灣爭取民主的反對運動中，取得發言地位，具有高度象徵意義（范振乾，2002）。范振乾針對整個「客家發聲運動」進行的細節有深入的說明。這一次的活動具有多重的意義，特別是後來客家族群有組織地從事公共事務的參與，例如參與遊行、積極助選，最後成立陳水扁客家界後援會，這是新的客家人運動的里程碑。對於公共事務的參與，對於作為公民憲法所賦予的權力爭取，漸漸在客家族群的運動中被體悟出來。

1988年「還我母語大遊行」之後，政府及執政黨被迫正視客家臺灣人的存在事實，在1989年1月1日上午八時，推出有史以來第一個電視客語節目「鄉親鄉情」（劉幼俐，1997）。「1991年初起，終於在臺視、中視、華視三家無線電視臺，週一至週五，開播每天15分鐘的客語新聞作為回應。但此舉顯為敷衍應付，迄今不只播出時間未增加，時段也未調整。數年如一日，毫無進步。忍無可忍的臺灣客家人，遂於1994年9月18日的中秋節當日，在一群熱心的客家菁英努力下，突破種種困難，設立客語專業電臺——寶島客家電臺。其後，電臺雖屢遭政府拆臺，但客家鄉親出錢出力，終能維持至今。最後獲准成立，並有專屬頻率」（范振乾，2002）。可見客家節目的誕生，並不是自然產生的，而是客家人走上街頭所爭取來的。關於客

家人的發聲運動在後來的廣電層面的影響，已經有許多學者進行討論，其中廣播方面研究得較多（張錦華，1997；林彥亨，2003），電視方面也逐漸增加。

關於客家「發聲運動」與媒體近用權的討論，黃子堯在〈文化、權力與族群菁英——臺灣客家運動史的研究與論述〉一文中，將它分成三部分：平面媒體、廣播、電視。其中廣播的部分有非常詳細的交代，一方面是客家資源的投入貢獻，另一方面也看得出來和公部門的交涉非常的辛苦。客家電視臺方面，黃子堯提到客家電視臺或客語節目的訴求，一直都是客家母語運動的重點之一，早期1995年的全國客家權益行動聯盟，曾要求增設客家公共電視節目及三臺客家節目時段，1997年苗栗縣長候選人徐進榮的政見之一，就是主張中央、國民黨政府逐年編列預算，設立臺灣客家公共電視臺。1998年范振乾在「還我母語」運動十週年感言與展望的文章中提到成立全國客語廣播電視聯播網。2000年總統大選陳水扁的客家政策白皮書也提到由無線和有線頻道經營客家節目的播出（黃子堯，2003）。某個角度來說，這些都和客家的「發聲運動」有密切的關係。

這段時間客家族群的記憶被重新建構，客家族群對照著臺灣的其他族群，閩南人、外省人或原住民，容或有羅香林客家中原論見解的復興，但是更多是討論客家人在臺灣在地的打拼，從來臺後開疆闢土到民主發展的奮鬥，無疑的，客家記憶不再強調「石壁村」的中原南下遷徙歷史，一樣是移民和遷徙，所討論的卻是在臺灣本地的奮鬥歷程以及在臺灣的族群經驗。

（三）地方實作與客家記憶

近年來，臺灣客家所面臨的是一個多元文化發展的社會情境。如前所述，在這個時段裡，臺灣客家文化開始有了發展的空間，其方式是全面性的，一方面是公部門，從中央政府到地方政府都設有客家事務相關的委員會，每年都有很多活動。客家地區在民間和地方政府的

推動下，逐步地建立地方的特色，例如桃竹苗各有許多地方特色的方案，又如從新竹到苗栗的臺三線客家文化產業的推動，南庄的民宿咖啡庭園、大湖的草莓、北埔的擂茶、內灣的觀光、新埔的粄條與休閒農業，這樣的例子比比皆是。在知識系統上，在大學設立客家學院以及客家研究中心（參見張維安，2009），在地方推廣文史工作團體的客家調查。在廣播媒體方面設有客家電視臺、客家廣播電臺。由於這些學術單位或媒體的成立，更深入的思索、挖掘、創造臺灣客家文化的特色，創新的詮釋客家歷史，重新形塑客家人族群記憶。這些客家的歷史、族群的記憶有許多是通過實作所產生，有許多則是對歷史的新詮釋。

　　由於地方特性受到重視，客家地區特色的興起有了空間。這方面，我們可以在客家運動很成功的美濃找到案例，也可以在苗栗的南庄或新竹的北埔看到表現，臺灣客庄所展現出來的愛鄉活動，珍惜土地與發揚客家文化的活動俯拾皆是。我們看到了臺灣客家與臺灣土地的重新連結，我們看到了客語的重新使用，雖然我們也看到舊的客家文化、中原客家記憶的復活，但是更多的是變身而來的新的客家文化、新的客家人，這段時間也創造了新的客家記憶。

　　除了私部門的產業、文化與文史活動外，客家文化、客家記憶更是邁向公領域化。例如，建立客家學院，建立客家研究的知識體系基礎，設立客家電臺聯播網、客家電視臺，設立客家事務行政體系。這些機構的預算、活動源源不斷地在論述著客家的特色，通過實作的過程，不斷創造新的客家記憶。這段時期客家記憶的發展和臺灣政治經濟脈絡有密切的關係，羅香林的中原客家意識相對的比較不明顯，鑲嵌於臺灣的歷史發展、族群互動、族群正義等諸多議題之中的臺灣客家意識漸漸萌芽。關於「什麼是客家人」、「什麼是客家文化」的問題，在這裡轉化成「客家人、客家文化是怎麼建構出來的」。近年來，建構論的思考在族群建構的討論中具有重要性，特別是社會記憶作為歷史的觀點，客家族群記憶的論述說明了臺灣客家意識的發展與

臺灣客家族群意識的誕生。

在客家意識形成的過程中，族群敘事對於族群概念與地位的發展具有重要的意義，重新詮釋客家文化的特色，重新解釋客家人在臺灣的地位，重新思考客家人的源流，重新思考客家人的歷史。特別是過去從中原崇拜的情結、客家人的源流，到客家人幾次遷徙的討論，轉向客家人到臺灣之後如何和其他族群互動？客家人為什麼居住在丘陵地？施添福教授的原鄉論有道理（施添福，1987），還是族群械鬥比較能解釋？客家人和原住民，客家人和閩南人，客家人和新住民之間的關係漸漸成為討論的重點。這樣的觀點，似乎也表現在前文所提到的臺灣客家研究先驅陳運棟先生的身上，他在《客家人》一書出版多年之後，又寫了一本《臺灣的客家人》（陳運棟，1989），兩書的轉折說明臺灣客家意識受到了重視，也是臺灣客家意識形成的見證。

五、結語

近年來，客家研究學者對臺灣客家建構乃至於更大範圍的客家族群的定義，都朝向建構論的見解。我們知道建構客家，並不是要虛構一個客家，論說、發明傳統、建構歷史、分享故事、擁有共同的光榮或災難的提出，廣泛來說都是一種族群記憶，它對於族群的建構具有不可或缺的重要性。族群記憶並非一成不變的歷史事實，許多族群的歷史，如族群的來源、移民時間，都會帶動一個族群的想像。想像不是虛假，而是形成群體認同所不可或缺的部分，一群人的「集體記憶」能夠凝聚人群，他們的「集體性失憶」也會影響族群的建構與重組。

羅香林的《客家研究導論》（1990）以及《客家源流考》（1987）兩書，可以說是奠定了客家學的基礎，但是更重要的是建構了客家中原記憶，某個程度而言是建構客家族群意識的基礎。客家如何作為一個群體，就像 N. Constable（1994: 77-79）所言，雖然客家

族群性被認為深根於古老的過去，但是客家並沒有形成我們現在所知的族群團體，只有在十九世紀以後客家才被標誌為族群。羅香林所提出的客家中原正統、士族顯貴等優良的傳統，一直都是許多客家人引以為豪的「記憶」，可以說是長時期以來客家族群分享的共同記憶，使得全球客家族群離而不散，或客家族群有可能成為一個想像的共同體，共享一份自詡為優秀中原後裔的記憶具有其重要性。

在臺灣本土運動發展之前，羅香林議題的見解普遍為客家人所分享，1980年代末期政治解嚴，本土意識開始浮上檯面，客家族群在臺灣本地的奮鬥與貢獻，漸漸成為思考論說的對象，「唐山」成為遙遠的故鄉，宗族之間來往不多，親戚已不復認得，取而代之的是土著化的相關議題。土著化與客家意識的抬頭，雖然有邏輯上的關係，但是更大的來源與刺激是閩南族群的臺灣化排擠了客家族群的臺灣記憶，因而喚起了客家族群的在地記憶，中原記憶雖然還在許多人的腦中，但是實際的論說與議題，則集中在來臺祖以來在臺灣歷史中的角色，對臺灣文化的貢獻，對公共資源排擠客家的不滿。繼而因為客家意識與客家運動相互的發展，公部門資源的介入、學術知識體系的建立，以及許多新創的客家文化的實作活動，逐漸的重新定義客家，從這裡誕生新的客家記憶，這些可從許多新的創作與經營看得出來，例如客家的飲食、衣服、戲曲、儀式、歌曲乃至於宗教信仰都在創意與建構之中。中原記憶依稀仍然發生意義（或說有一部分客家人的認同仍然依舊），但是臺灣客家記憶與臺灣客家意識、客家社會文化運動之間的關係，則更加密切。這些新的客家記憶都在近年來的活動中逐漸的建構出來。

（本文曾刊載於莊英章、簡美玲編（2010），《客家的形成與變遷》，頁719-744）

參考資料

Braudel, Fernand, 2002，《地中海史：集體的命運和總的趨勢》（*The Mediterranean and the mediterranean world in the age of Philip II*）。臺灣：商務印書館。

Connerton, Paul, 2000，《社會如何記憶》（*How Societies Remember*），納日碧力戈譯。上海：人民出版社。

Constable, Nicole, 1994, "History and the Construction of Hakka Identity," in Chen Chung-min, Chuang Ying-chang and Huang Shu-min (eds.), *Ethnicity in Taiwan: Social, Historical, and Cultural Perspectives*, pp.75-89. Taipei: Institute of Ethnology, Academia Sinica.

Hobsbawm, Eric, 2004，《論歷史》（*On History*），黃煜文譯。臺北：麥田出版社。

王甫昌，1993，〈族群通婚的後果：省籍通婚對於族群同化的影響〉，《人文及社會科學集刊》，6 (1): 231-267。

王甫昌，2003，《當代臺灣社會的族群想像》。臺北：群學出版社。

王明珂，2001，《華夏邊緣：歷史記憶與族群認同》。臺北：允晨文化公司。

王明珂，2003，〈徘徊在漢與非漢之間：北羌族的歷史人類學研究〉，蔣斌、何翠萍編，《國家、市場與脈絡化的族群》，頁59-104。臺北：中央研究院民族學研究所。

王雯君，2005，〈從網際網路看客家想像社群的建構〉，《資訊社會研究》，9: 155-184。

江運貴，1996，《客家與臺灣》，徐漢斌譯。臺北：常民文化出版社。

林吉洋，2007，〈敘事與行動：臺灣客家認同的形成〉。新竹：清大社會所碩士論文。

林忠正、林鶴玲，1996，〈臺灣地區各省籍族群間的經濟差異〉，收錄於張茂桂等著，《族群關係與國家認同》。臺北：明田出版社。

林彥亨，2003，《客家意象之形塑：臺灣客家廣博的文化再現》。新竹：清
　　華大學人類學研究所碩士論文。

姜如佩，2003，《臺灣電視中之客家意象：公視「客家新聞雜誌」之個案研
　　究》。臺北：文化大學新聞研究所。

施正鋒，2002，〈客家族群與國家：多元文化主義的觀點〉，張維安編，
　　《客家公共政策研討會》論文。新竹：國立清華大學。

施添福，1987，《清代在臺漢人的祖籍分布和原鄉生活方法》。臺北：師範
　　大學地理學系。

范振乾，2002，《存在才有希望：臺灣族群生態客家篇》。臺北：前衛出版
　　社。

徐正光，1999，〈一個起點〉，美濃愛鄉協進會編著，《重返美濃》。臺
　　北：辰星出版社。

徐正光，2002，〈書寫臺灣客家運動史〉，范振乾《存在才有希望：臺灣族
　　群生態客家篇》序。臺北：前衛出版社。

徐旭曾，1992，〈豐湖雜記〉，收錄於羅香林《客家史料彙編》。臺北：南
　　天書局。

高怡萍，2004，〈徘徊於聚族與離散之間：粵東客家的族群論述與歷史記
　　憶〉。新竹：國立清華大學人類學所博士論文。

高承恕，1997，〈布勞岱與韋伯：歷史對社會學理論與方法的意義〉，黃俊
　　傑主編，《史學方法論叢》，頁121-156。臺北：臺灣學生書局。

張維安，2008，〈少數族群與主流文化：客家文化運動與族群記憶之轉
　　移〉，劉海平編，《文化自覺與文化認同：東亞視角》，頁123-147。上
　　海：上海外語教育出版社。

張維安，2009，〈臺灣客家研究近況與展望〉，《新竹文獻》，36: 6-23。

張維安、徐正光、羅烈師編，2008，《多元族群與客家：臺灣客家運動20
　　年》。臺北：南天書局。

張維安、張翰璧，2008，〈誰的記憶？誰的神？義民在臺灣客家族群論述中
　　的角色〉，《轉變中的文化記憶》，頁380-409。新加坡國立大學漢學論叢

4。香港：香港教育圖書公司。

張維安編，2002，《客家公共政策研討會》論文。新竹：國立清華大學。

張學謙，2003，〈客家電視對語言保存之影響〉，《關懷與期許：客家電視
　　對社會之影響》座談會論文。中壢：國立中央大學客家社會文化研究所。

張錦華，1997，〈多元文化主義與我國廣播政策：以臺灣原住民與客家族群
　　為例〉，《廣播與電視》，3 (1): 1-23。

陳月針，2004，〈媒體與文化之對話：析論客家電視臺未來發展方向〉。臺
　　南：南臺科技大學資訊傳播研究所碩士論文。

陳其南，1984，〈土著化與內地化：論清代臺灣漢人社會的發展模式〉，
　　《中國海洋發展史論文集──第一輯》。南港：中研院三研所。

陳運棟，1988，《客家人》。臺北：東門出版社。

陳運棟，1989，《臺灣客家人》。臺北：臺原出版社。

陳運棟，1991，〈客家學研究導論〉，徐正光編，《徘徊於族群與現實之
　　間》。臺北：正中書局。

黃子堯，2003，《臺灣客家運動：文化、權力與族群菁英》。台北：愛華出
　　版社。

黃榮洛，1991，《渡臺悲歌：臺灣的開拓與抗爭史話》。臺北：臺原出版
　　社。

楊文山主持，2004，《全國客家人口基礎資料調查研究》。臺北：行政院客
　　家委員會。

劉幼俐，1997，《客家族群對廣電媒體之使用與滿足調查與評估》。文建會
　　委託研究調查。

鄭自隆，2003，《臺灣客語電視節目策略分析與推廣建議》。臺北：行政院
　　客家委員會獎助計畫成果。

鄭榮興，2003，〈對於客家頻道戲劇及音樂節目的期許〉，《關懷與期許：
　　客家電視對社會之影響》座談會論文。中壢：國立中央大學客家社會文化
　　所。

蕭新煌、黃世明，2001，《臺灣客家族群史政治篇》。南投：臺灣省文獻

會。

鍾皓如，2004，《論電視媒體對客家文化之建構》。臺南：臺南藝術學院音像藝術管理研究所碩士論文。

羅香林，1987，《客家源流考》。臺北：世界客屬總會秘書處。

羅香林，1990，《客家研究導論》。臺北：南天書局。

羅香林，1992，《客家史料彙編》。臺北：南天書局。

羅烈師，2006，〈臺灣客家的形成：以竹塹地區為核心的觀察〉。新竹：國立清華大學人類所博士論文。

國家圖書館出版品預行編目（CIP）資料

思索臺灣客家研究 / 張維安著 . -- 初版 . -- 桃園市：
中央大學出版中心；臺北市：遠流 , 2015.12
面； 公分 . --（臺灣客家研究叢書；3）
ISBN 978-986-5659-10-3（平裝）

1. 客家 2. 臺灣

536.211　　　　　　　　　　　104025336

思索臺灣客家研究

著者：張維安
執行編輯：許家泰
編輯協力：簡玉欣

出版單位：國立中央大學出版中心
　　　　　桃園市中壢區中大路 300 號 國鼎圖書資料館 3 樓

　　　　　遠流出版事業股份有限公司
　　　　　台北市南昌路二段 81 號 6 樓

發行單位／展售處：遠流出版事業股份有限公司
地址：台北市南昌路二段 81 號 6 樓
電話：(02) 23926899　傳真：(02) 23926658
劃撥帳號：0189456-1

著作權顧問：蕭雄淋律師
2015 年 12 月 初版一刷
2017 年 7 月 初版二刷
售價：新台幣 300 元

如有缺頁或破損，請寄回更換
有著作權‧侵害必究 Printed in Taiwan
ISBN 978-986-5659-10-3（平裝）
GPN 1010402681
遠流博識網 http://www.ylib.com　E-mail: ylib@ylib.com